企业知识产权百题问答

北京市知识产权维权援助中心 编著

知识产权出版社
全国百佳图书出版单位
—北京—

图书在版编目（CIP）数据

企业知识产权百题问答/北京市知识产权维权援助中心编著．—北京：知识产权出版社，2020.1（2020.9重印）
ISBN 978－7－5130－6634－1

Ⅰ.①企… Ⅱ.①北… Ⅲ.①企业—知识产权—问题解答 Ⅳ.①D913－44

中国版本图书馆 CIP 数据核字（2019）第 266002 号

内容提要

本书囊括了企业最为关心的知识产权各个领域的常见问题，特别在专利、商标和著作权领域围绕创造、运用、保护、管理有针对性地解答。另外，海外知识产权保护、知识产权司法保护、展会知识产权保护、知识产权海关保护中的相关问题也有所涉及。

责任编辑：卢海鹰 可 为	责任校对：谷 洋
文字编辑：周 也	责任印制：刘译文

企业知识产权百题问答
北京市知识产权维权援助中心　编著

出版发行：知识产权出版社有限责任公司	网　　址：http://www.ipph.cn
社　　址：北京市海淀区气象路 50 号院	邮　　编：100081
责编电话：010－82000860 转 8335	责编邮箱：keweicoca@163.com
发行电话：010－82000860 转 8101/8102	发行传真：010－82000893/82005070/82000270
印　　刷：三河市国英印务有限公司	经　　销：各大网上书店、新华书店及相关专业书店
开　　本：880mm×1230mm　1/32	印　　张：7.125
版　　次：2020 年 1 月第 1 版	印　　次：2020 年 9 月第 3 次印刷
字　　数：192 千字	定　　价：36.00 元
ISBN 978-7-5130-6634-1	

出版权专有　侵权必究
如有印装质量问题，本社负责调换。

编委会

主　编：杨东起

副主编：周立权

编　委：王连洁　冯忠民

前　言

2015年12月，国务院印发《关于新形势下加快知识产权强国建设的若干意见》，明确提出要深入实施国家知识产权战略，深化知识产权重点领域改革，实行更加严格的知识产权保护，促进新技术、新产业、新业态蓬勃发展，提升产业国际化发展水平，保障和激励大众创业、万众创新。2017年1月，北京市人民政府印发《关于加快知识产权首善之区建设的实施意见》，围绕北京市建设全国科技创新中心，提出了知识产权首善之区建设的主要目标及具体意见。

为做好北京市的知识产权公共服务工作，北京市知识产权维权援助中心从工作实践出发，梳理企业常见的知识产权问题，并组织来自国家知识产权局、北京市法院系统、北京市律师协会、首都知识产权服务业协会的首都保护知识产权志愿专家共同编写《企业知识产权百题问答》。本书以我国现行知识产权法律法规为依据，以问答的形式介绍各类知识产权的概念，回答企业在知识产权创造、运用、保护、管理四个环节中存在的问题，希望对企业开展知识产权工作提供参考和指导。

在本书的编写过程中，樊雪、范继晨、方立维、付强、高然、郝青、虎舒婷、李木子、刘叮咚、刘玥、罗蓉蓉、马佑平、毛天鹏、亓蕾、王倩、温寒、咸飞、袁相军、郑楠、朱禾做了大量的文字撰写和整理工作，在此特别表示衷心感谢！

编者

2019 年 9 月

目录

第一部分　知识产权综合知识篇

1. 知识产权是什么？知识产权包括哪些种类？ ……………… 3
2. 知识产权的行政保护和司法保护有什么不同？ …………… 3
3. 我国保护知识产权的行政机关有哪些？ …………………… 4
4. 我国保护知识产权相关法律规定主要有哪些？ …………… 4

专利权篇 ………………………………………………………… 7

一、概述 …………………………………………………………… 7

1. 什么是专利权？ ……………………………………………… 7
2. 专利有哪些种类？ …………………………………………… 7
3. 什么是专利权的独占性、地域性、时间性？ ……………… 8
4. 不授予专利权的情形有哪些？ ……………………………… 8
5. 如何进行专利检索？ ………………………………………… 9

二、创造 …………………………………………………………… 11

6. 专利授权需具备哪些条件？ ………………………………… 11
7. 哪个部门受理专利申请？ …………………………………… 12
8. 如何进行专利电子申请？ …………………………………… 12

1

9. 专利申请是否必须委托代理机构？在哪里查询代理机构信息？ ………………………………………… 13
10. 专利申请的费用是多少？ …………………………… 14
11. 如何缴纳专利申请费？缴纳的期限是多久？ ………… 14
12. 专利费可减免（减缓）哪些部分？ …………………… 16
13. 逾期未缴纳专利申请费，将引起哪些后果？ ………… 17
14. 专利申请期限是多久？ ……………………………… 17
15. 发明或实用新型专利申请需提交哪些材料？有何注意事项？ ……………………………………………… 18
16. 外观设计专利申请需提交哪些材料？有何注意事项？ ……………………………………………… 18
17. 什么是优先权？要求优先权的期限是多久？如何要求优先权？ ……………………………………… 19
18. 专利申请文件是否能够进行修改？ …………………… 20
19. 计算机程序可以申请专利吗？ ………………………… 20
20. 商业方法可以申请专利吗？ …………………………… 20
21. 同一发明创造是否可以同时申请实用新型专利及发明专利？ …………………………………………… 21
22. 一系列（成套）外观设计如何申请专利？ ………… 21
23. 两个以上的申请人同日就同样的发明创造申请专利的，如何处理？ ………………………………… 21
24. 专利申请被驳回，该如何应对？ ……………………… 22
25. 专利申请能否撤回？何时可以请求发明专利实质审查？ …………………………………………………… 22
26. 发明专利申请提前公开的利与弊？ …………………… 22
27. 什么是保密专利？保密专利申请的审批程序是

什么？ ………………………………………………… 23
28. 什么是国防专利？国防专利申请的审批程序是
什么？ ………………………………………………… 23
29. 如何申请其他国家的专利？ ……………………… 24
30. 什么是PCT申请？如何进行？ …………………… 24
31. 通过PCT途径递交国际专利申请有哪些优势
和不足？ ……………………………………………… 25
32. 什么是"专利审查高速公路"？ …………………… 26
33. 外国人如何在我国申请专利？ …………………… 26
34. 发明专利申请审查的程序是什么？ ……………… 27
35. 实用新型和外观设计专利申请审查的程序是什么？ …… 27
36. 如何办理专利优先审查手续？ …………………… 28
37. 审查意见的答复期限是多久？如何对审查意见
进行答复？ …………………………………………… 29
38. 对审查中的专利有异议，如何提出？ …………… 30
39. 如何启动专利复审程序？专利复审的流程是什么？ …… 30
40. 对专利复审结果不服，怎么办？ ………………… 30
41. 专利权何时生效？ ………………………………… 31
42. 何种情形下专利权会提前终止？ ………………… 31
43. 专利证书副本有什么作用？ ……………………… 31
44. 专利证书遗失后能否补办？ ……………………… 31
45. 什么是专利登记簿副本？ ………………………… 32
46. 专利证书和专利登记簿有什么区别？ …………… 32

三、运用 ……………………………………………………… 32
47. 如何进行专利申请权转让？ ……………………… 32
48. 如何进行专利权转让？ …………………………… 33

49. 如何办理专利信息的变更登记？……………………………… 33
50. 专利权转让后，是否可以获得新的专利证书？………… 34
51. 他人伪造合同或签名转让了专利，如何恢复权利？…… 34
52. 专利许可合同的类别？……………………………………… 34
53. 专利许可合同备案有什么作用？如何进行专利许可
    合同备案？……………………………………………………… 35
54. 什么情况下可以请求专利强制许可？如何申请
    专利强制许可？………………………………………………… 36
55. 专利被强制许可后是否可以获得报酬？强制许可
    的专利产品的市场范围如何确定？………………………… 37
56. 专利共有人能否单独进行专利许可或转让？…………… 37
57. 如何进行专利权质押？专利质押合同与质押权
    何时生效？……………………………………………………… 38
58. "专利池"有什么作用？…………………………………… 38
59. 如何应对"专利蟑螂"？…………………………………… 39
60. "专利导航"有什么作用？………………………………… 39
61. "专利预警"有什么作用？………………………………… 40
62. "专利布局"有什么作用？………………………………… 40
63. "专利托管"的方式有哪些？……………………………… 40

四、管理 …………………………………………………………… 41

64. 如何缴纳专利年费？………………………………………… 41
65. 如何查询专利年费的缴纳情况？…………………………… 43
66. 未按时缴纳专利年费会产生什么后果？………………… 44
67. 未按期缴纳年费导致专利权终止的，能否恢复
    专利权？………………………………………………………… 44
68. 什么是职务发明？…………………………………………… 45

69. 单位应如何对职务发明人进行奖励和支付报酬？ ……… 45
70. 对单位给予的奖励不满意，如何处理？ ……………… 46
71. 合作或委托发明创造专利申请权如何归属？ ………… 46
72. 宣传专利产品，有哪些注意事项？ …………………… 47
73. 对共同发明人署名顺序不服的，如何进行处理？ …… 47
74. 他人将自己的技术或商业秘密申请为专利，如何处理？ ……………………………………………………… 47
75. 专利申请权或专利权的归属存在争议，如何处理？ ……………………………………………………… 48
76. 如何提起宣告专利无效或部分无效的请求？ ………… 48
77. 在无效宣告请求的审查过程中，专利权人是否可以修改权利要求书？ ………………………………… 49
78. 提起宣告专利权无效的时间是什么？ ………………… 49
79. 专利无效的流程是什么？ ……………………………… 50
80. 专利被宣告无效或部分无效的法律后果是什么？ …… 50
81. 专利被宣告无效的救济？ ……………………………… 50
82. 什么是专利权评价报告？什么人有权要求作出专利权评价报告？执法机关和法院为什么要求出具专利权评价报告？ …………………………………………… 51
83. 什么是知识产权贯标？ ………………………………… 52
84. 如何申报北京市专利示范单位？能享受哪些优惠政策？ …………………………………………………… 52
85. 如何申报北京市专利试点企业？能享受哪些优惠政策？ …………………………………………………… 53
86. 中国专利奖如何申报？可获何种奖励？ ……………… 54
87. 北京市发明专利奖如何申报？可获何种奖励？ ……… 55

五、保护 ··· 56

- 88. 怎样确定专利权的保护范围？ ································ 56
- 89. 专利权的保护期限有多久？ ···································· 57
- 90. 哪些行为构成侵犯专利权？ ···································· 57
- 91. 专利侵权判定的基本原则是什么？ ························ 57
- 92. 什么是独立权利要求和从属权利要求？ ················ 58
- 93. 如何确定必要技术特征？ ······································ 58
- 94. 什么是专利权滥用？主要有哪些形式？ ················ 58
- 95. 哪些行为属于假冒专利？应承担何种法律责任？ ··· 59
- 96. 如何判断外观设计专利侵权？ ······························ 59
- 97. 怎样认定组件产品外观设计的侵权？ ·················· 60
- 98. 如何认定方法专利侵权？ ···································· 60
- 99. 自己的产品有专利，他人的产品也有专利，发生纠纷时如何处理？ ··· 61
- 100. 如何应对专利侵权？ ·· 61
- 101. 哪些特殊情形不属于侵犯专利权？ ···················· 61
- 102. 不知道是侵权产品而销售的，是否需要赔偿？ ··· 62
- 103. 侵犯他人专利权，应承担哪些法律后果？ ········· 62
- 104. 专利侵权的赔偿数额如何计算？ ························ 63
- 105. 在侵权诉讼过程中产生的损失怎么办？ ············· 63
- 106. 外观设计侵权损失赔偿额怎样计算？ ················· 63
- 107. 在司法程序中，被告提出无效申请，将引起哪些后果？ ··· 64
- 108. 专利权无效后，对已经执行的法律文书是否具有溯及力？ ··· 64
- 109. 专利纠纷的解决途径有哪些？ ··························· 64

110. 专利纠纷的行政解决流程是什么？ 65
111. 请求管理专利工作的部门处理专利纠纷时，应提交哪些材料？ 65
112. 请求管理专利工作的部门处理专利侵权纠纷应当注意哪些问题？ 66
113. 哪些专利纠纷可以行政调解？ 66

商标权篇 68
一、概述 68
1. 我国的商标基本制度是什么？ 68
2. 哪些人可以申请注册商标？ 68
3. 哪些人被限制申请注册商标？ 69
4. 哪些元素可以注册为商标？ 69
5. 什么是注册商标？ 69
6. 商标是不是必须要注册？ 69
7. 哪些商品和服务必须强制注册商标？ 69
8. 注册商标与未注册商标比，有什么好处？ 70
9. 商标注册的主管机关是谁？ 70
10. 商标包括哪些种类？ 70
11. 商标与商品名称的关系是什么？ 71
12. 商标与商号的关系是什么？ 71
13. 申请注册和使用商标应当遵循什么原则？ 71
14. 哪些标志禁止作为商标使用？ 72
15. 商标为什么要具有显著性？什么样的标志不具备显著性？ 72

二、创造

16. 如何申请注册商标? ……………………………… 73
17. 国内自然人能否申请注册商标? 如何办理? ………… 75
18. 商标代理机构能申请注册商标吗? ………………… 75
19. 申请商标注册时, 如何申报商品和服务项目? ……… 76
20. 如何在不同类别申请注册商标? …………………… 76
21. 《区分表》上没有要申请的商品和服务项目
    怎么办? ………………………………………………… 76
22. 如何自行查询商标? ………………………………… 77
23. 是否注册多个要素组合的商标更易授权、使用
    更方便? ………………………………………………… 77
24. 商标注册时对文字字体的使用应注意什么? ……… 78
25. 商标注册申请需要提交哪些材料? ………………… 78
26. 地名能否注册为商标? ……………………………… 78
27. 如何申请注册集体商标? …………………………… 79
28. 如何申请注册证明商标? …………………………… 79
29. 证明商标只能证明商品产地吗? …………………… 80
30. 集体商标和证明商标有什么不同? ………………… 80
31. 如何进行声音商标的注册申请? …………………… 80
32. 三维标志商标是什么? 如何申请注册? …………… 81
33. 申请颜色组合商标应注意什么? …………………… 81
34. 将肖像注册为商标, 应注意什么? ………………… 81
35. 商标注册的缴费标准是什么? ……………………… 82
36. 申请人能否在申请环节增减商品类别? …………… 83
37. 企业是否需要进行商标全类注册? ………………… 83
38. 公司和下属子公司想共同申请一个商标,

  可以吗？ …………………………………………………… 83
39. 注册商标的保护期限是多长？ ………………………… 83
40. 共同申请注册同一商标的，应当注意哪些问题？ ……… 84
41. 什么是商标申请的优先权？ …………………………… 84
42. 如何在商标注册申请时主张优先权？ ………………… 84
43. 两个以上的申请人在同一天就同种或类似商品，
  以相同或近似商标申请注册的，如何处理？ ………… 85
44. 如何在其他国家注册商标？ …………………………… 85
45. 哪些情况下要对商标进行补正？补正的期限及
  后果？ ……………………………………………………… 86
46. 商标注册申请的审查流程是什么？ …………………… 86
47. 不服商标被驳回怎么办？ ……………………………… 87
48. 对初步审定公告的商标不服怎么办？ ………………… 87
49. 如何对初步审定公告的商标提出异议？异议成立
  的法律后果是什么？ …………………………………… 87
50. 对商标不予注册的决定不服应如何做？ ……………… 88
51. 商标核准注册的时间及效果是什么？ ………………… 88
52. 对已经注册的商标不服怎么办？ ……………………… 89
53. 商标无效有哪些情形？如何申请宣告无效？ ………… 89
54. 对无效宣告的结果不服，该怎么做？ ………………… 89
55. 商标无效的决定什么时候生效？有什么效果？ ……… 90
56. 申请商标评审的情形有哪些？如何申请商标
  评审？ …………………………………………………… 90
57. 什么情况下当事人可以在评审答辩后补充
  材料？如何补充？ ……………………………………… 91
58. 如何终止商标评审程序？ ……………………………… 91

59. 申请人对商标评审案件的决定或裁定不服，如何救济？ ………… 91
60. 注册商标在什么情况下会被撤销？ ………… 92
61. 注册商标撤销的法律后果如何？ ………… 92
62. 商标审查的期限是多久？ ………… 92

三、运用 ………… 92

63. 商标许可使用的方式有哪几种？ ………… 92
64. 如何转让注册商标？ ………… 93
65. 在同一种或类似商品上注册的相同或相近似的商标，如何转让？ ………… 94
66. 注册商标如何进行使用许可？ ………… 94
67. 商标许可合同应如何进行备案？备案的法律效力是什么？ ………… 95
68. 如何进行商标质押？ ………… 95

四、管理 ………… 96

69. 注册商标如何进行标记？ ………… 96
70. 如何查询商标的代理机构？ ………… 96
71. 注册商标有效期满后，如何进行续展？ ………… 97
72. 注册商标有效期满，未及时进行续展，是否还能恢复权利？ ………… 98
73. 《商标注册证》遗失或者破损，应如何处理？ ………… 98
74. 如何认定驰名商标？ ………… 99
75. 如何办理商标注册信息的变更？ ………… 100
76. 企业注销或分立合并的，应如何对注册商标进行处理？ ………… 101
77. 欲在核定使用范围外使用注册商标，该如何做？ …… 102

78. 拟注册的商标已经被他人注册，如何处理？............ 102
79. 什么是商标法意义上的使用，如何证明存在使用
    行为？... 102
80. 实际使用的商标与注册的商标不同将产生什么
    后果？... 103
81. 商标注册后不实际使用的会产生什么后果？......... 104
82. 企业如何避免其注册商标被他人以3年不使用
    为由申请撤销？... 104

五、保护 106

83. 哪些是侵犯商标权的行为？应承担何种法律责任？...... 106
84. 商标侵权判定的原则？................................ 107
85. 如何界定"相同"与"相近似"商标，以及
    "同一种"或"类似"商品？......................... 108
86. 如何理解"相关公众"？.............................. 108
87. 什么是假冒他人注册商标的行为？应承担哪些
    责任？... 108
88. 什么是反向假冒？..................................... 109
89. 将他人驰名商标作为企业名称登记是否违法？...... 109
90. 商标许可使用合同纠纷如何处理？.................. 109
91. 商标与企业名称发生冲突，法院如何处理？......... 110
92. 商标与他人著作权发生冲突，如何处理？............ 110
93. 商标与他人外观设计专利相冲突，如何处理？...... 110
94. 商标与域名相冲突的表现形式？如何处理？......... 111
95. 组合商标中的一部分被他人使用，是否侵权？...... 112
96. 企业应如何应对商标抢注？......................... 112
97. 驰名商标有哪些特殊保护？......................... 113

98. 注册商标专用权被侵犯，可以通过哪些方式维权？ ……………… 113

99. 投诉他人侵犯商标权，应提交的材料？ ……………… 114

100. 注册商标专用权被侵害时，哪些人可以提起侵权诉讼？ ……………… 114

101. 侵犯商标权的赔偿数额如何确定？ ……………… 114

著作权篇 ……………… 116

一、概述 ……………… 116

1. 著作权法保护的作品有哪些构成要件？ ……………… 116
2. 什么是作品的独创性？是否所有作品都有著作权？ ……………… 116
3. 《著作权法》规定的作品种类有哪些？ ……………… 116
4. 哪些作品不适用著作权法保护？ ……………… 117
5. 我国《著作权法》保护外国人创作的作品吗？ ……………… 117
6. 著作权人的范围是什么？ ……………… 118
7. 著作权包括哪些权利？ ……………… 118
8. 什么是著作权的邻接权？ ……………… 118
9. 什么是信息网络传播权？ ……………… 118

二、创造 ……………… 119

10. 著作权何时产生？是否必须履行登记手续？ ……………… 119
11. 著作权登记的受理部门是哪里？ ……………… 119
12. 著作权登记的流程是什么？ ……………… 119
13. 如何办理著作权登记簿的副本？ ……………… 120
14. 如何查询软件著作权登记档案？ ……………… 120
15. 办理作品著作权登记需要提交哪些材料？ ……………… 121

16. 办理软件著作权登记需要提交哪些材料？ …………… 122
17. 停征软件著作权登记缴费的依据是什么？ …………… 122
18. 外国人或单位如何登记作品著作权？ ………………… 122
19. 著作权登记的费用是多少？ …………………………… 123
20. 作品著作权登记的办理时限是多长？ ………………… 125
21. 著作权的保护期限是多长？ …………………………… 125
22. 如何查询作品著作权登记信息？ ……………………… 126
23. 著作权登记的作用是什么？ …………………………… 126

三、运用 …………………………………………………… 127

24. 如何进行著作权许可使用？ …………………………… 127
25. 著作权许可使用合同一般包括哪些内容？ …………… 127
26. 著作权许可使用合同主要包括哪些类型？ …………… 127
27. 如何进行著作权转让？ ………………………………… 128
28. 著作权转让合同一般包括哪些内容？ ………………… 128
29. 当事人在履行著作权许可使用合同和著作权转让
    合同时应当注意哪些问题？ ………………………… 129
30. 如何进行著作权质押？ ………………………………… 129
31. 著作权质权合同一般包括哪些内容？ ………………… 130
32. 使用录音作品报酬的基本支付标准是什么？ ………… 130
33. 出版文字作品报酬的基本支付标准是什么？ ………… 131
34. 什么情况下不经著作权人许可，可以使用其作品，
    但应支付其报酬？ …………………………………… 132
35. 什么情况下不经著作权人许可，可以使用其作品，
    也不必向其支付报酬？ ……………………………… 132
36. 转载和摘编作品应当符合哪些条件？ ………………… 133
37. 投稿者与出版者之间主要存在哪些权利义务

关系？ ………………………………………………… 134
38. 著作权人与报社、期刊社之间主要存在哪些权利义务关系？ ………………………………… 134
39. 录音录像制作者的权利和义务是什么？ ……… 134

四、管理 ……………………………………………………… 135
40. 著作权归属的原则是什么？ …………………… 135
41. 职务作品的著作权怎样确定归属？ …………… 135
42. 委托作品的著作权怎样确定归属？ …………… 136
43. 合作作品的著作权怎样确定归属？ …………… 136
44. 汇编作品的著作权怎样确定归属？ …………… 136
45. 演绎作品的著作权怎样确定归属？ …………… 137
46. 电影作品的著作权怎样确定归属？ …………… 137
47. 作者身份不明的作品的著作权怎样确定归属？ … 137
48. 软件著作权的归属原则是什么？ ……………… 137
49. 合作开发软件的著作权怎样确定归属？ ……… 138
50. 委托开发软件的著作权怎样确定归属？ ……… 138
51. 职务开发软件的著作权怎样确定归属？ ……… 138
52. 权利人可以采取哪些措施保护信息网络传播权？ … 139
53. 企业有奖征集作品的著作权怎样确定归属？ … 139
54. 管理著作权的部门有哪些？ …………………… 139
55. 什么是著作权集体管理组织？ ………………… 139
56. 有哪些著作权集体管理组织？ ………………… 140
57. 著作权集体管理组织的主要职能是什么？ …… 140
58. 如何加入著作权集体管理组织？ ……………… 140
59. 著作权如何继承？ ……………………………… 140

五、保护 ··· 141

60. 判断著作权侵权的基本规则是什么？·················· 141
61. 侵犯著作权及著作权相关权利的行为主要有哪些？··· 141
62. 侵犯著作权的赔偿数额如何确定？······················ 142
63. 侵犯著作权应承担哪些法律责任？······················ 143
64. 何种行为属于侵犯信息网络传播权？··················· 143
65. 侵犯信息网络传播权应承担哪些责任？················ 143
66. "网络音乐"盗版下载的情形有哪些？构成
何种侵权行为？·· 144
67. 如何合法地传播"网络音乐"？·························· 144
68. 广播电台、电视台及宾馆、餐厅、舞厅等场所
未经许可播放他人音乐作品是否构成侵权？········· 144
69. 网站未经许可将他人作品上传到网络是否构成
侵权？··· 145
70. 企业使用盗版软件，应承担哪些责任？··············· 145
71. 企业未经许可使用他人图片，应承担哪些责任？··· 145
72. 出版物侵犯他人著作权，谁应承担侵权责任？······ 145
73. 因作品署名顺序发生纠纷，怎样处理？··············· 146
74. 著作权侵权中合法授权和合法来源的抗辩是
什么？··· 146
75. 如何认定当事人是否享有著作权？······················ 146
76. 权利人发现网络上有侵权内容，应当采取
什么措施？·· 147
77. 权利人向网络服务提供者发出的通知书应当
包含哪些内容？·· 147
78. 法人作品著作权被侵犯，该如何进行维权？········· 147

79. 如何处理著作权与商标权之间的权利冲突？ ………… 148

其他知识产权篇 …………………………………… 149
一、商业秘密 …………………………………… 149
1. 什么是商业秘密？ ………………………………… 149
2. 如何证明某一技术措施属于商业秘密？ ………… 149
3. 侵犯商业秘密的行为有哪些？ …………………… 150
4. 企业应如何保护商业秘密？ ……………………… 150
5. 签署保密协议后，保密义务的期限如何界定？ … 151
6. 企业在人员招聘时，如何避免招聘人员因违反保密义务给自己公司带来损失？ …………… 151
7. 哪些人员负有法定保密义务？ …………………… 151
8. 什么是侵犯商业秘密罪？ ………………………… 152
9. 企业员工违反保密协议泄露商业秘密，应承担哪些责任？ ……………………………………… 152
10. 企业员工违反保密条款的举证责任如何分配？ … 152
11. 反向工程是否侵犯商业秘密？ …………………… 152
12. 企业在对外交流合作中应采取哪些保密措施？ … 153
13. 商业秘密被泄露，应如何采取补救措施？ ……… 153
14. 保密协议与竞业禁止协议是什么关系？ ………… 153
15. 商业秘密是否可以许可他人使用？有什么注意事项？ ……………………………………………… 154
16. 同一技术能否既申请专利，又通过商业秘密保护？ ……………………………………………… 154
17. 商业秘密被他人泄露或使用时，应如何举证？ … 154

二、植物新品种 ·············· 155

1. 什么是植物新品种？ ·············· 155
2. 哪些部门负责植物新品种权的审批和管理？ ·············· 155
3. 如何申请品种权？ ·············· 156
4. 授予品种权的条件有哪些？ ·············· 156
5. 植物新品种权的保护期限是多久？何种情形下会提前终止？ ·············· 157
6. 何种情况下使用授权品种，可以不经品种权人许可，不向其支付使用费？ ·············· 157
7. 新品种命名应遵循哪些规定？ ·············· 157
8. 侵犯植物新品种权的行为有哪些？ ·············· 158
9. 假冒授权品种行为应当承担什么责任？ ·············· 158
10. 侵犯品种权行为的救济途径？ ·············· 159
11. 侵犯品种权和假冒授权品种的法律后果？ ·············· 159

三、集成电路布图设计 ·············· 159

1. 什么是集成电路以及集成电路布图设计？ ·············· 159
2. 如何登记集成电路布图设计？ ·············· 160
3. 集成电路布图设计专有权的保护期限？ ·············· 160
4. 哪些行为属于侵犯集成电路布图设计专有权？ ·············· 160
5. 未经登记的布图设计是否受《集成电路布图设计保护条例》保护？ ·············· 161
6. 何种情形下，可以不经布图设计权利人许可，不向其支付报酬？ ·············· 161
7. 侵犯布图设计专有权的处理方式和处理机关？ ·············· 162
8. 侵犯集成电路布图设计专有权的主要行为类型及责任？ ·············· 162

四、地理标志···163

1. 什么是地理标志？···163
2. 通过注册商标保护地理标志应当注意什么？·················163
3. 什么是地理标志产品？·····································163
4. 申请地理标志产品保护需提交哪些材料？···················164
5. 地理标志有哪些行政保护的路径？·························164

五、网络域名···165

1. 什么是网络域名？···165
2. 哪些注册、使用域名的行为应被认定为侵权或不正当竞争？···165
3. 哪些注册、使用域名的行为应被认定为恶意？···············165
4. 提供哪些证据可以使注册、使用域名的行为不被认定为恶意？···166
5. 域名侵权纠纷如何处理？···································166
6. 哪些部门处理域名争议？···································166
7. 侵犯域名注册、使用权的法律后果？·······················167
8. 接到域名注册公司的邮件，称他人在注册与我公司域名相同的域名，如何处理？··························167

第二部分　海外知识产权保护

1. 在我国主要适用的知识产权国际公约有哪些？···············171
2. 哪些主要国家与我国签订了知识产权相关条约？·············171
3. 如何在海外进行专利权布局？·······························171
4. 如何进行海外市场的专利信息检索？·······················171
5. 中国的注册商标是否在外国受到保护？·····················171
6. 我国著作权人的著作权，是否受到国际保护？···············172

7. 遭遇美国337调查,企业该如何做? ················ 172
8. 在外国法院应诉知识产权纠纷,是否必须委托外国
   律师? ······································· 173
9. 与外国公司在我国进行知识产权诉讼,如何适用
   法律? ······································· 174
10. 在国外进行知识产权诉讼的费用是多少? ············ 174

第三部分　知识产权司法保护

1. 什么是知识产权的双轨制保护渠道? ················ 179
2. 北京知识产权法院的管辖范围是什么? ·············· 179
3. 如何确定受理知识产权纠纷的法院? ················ 180
4. 知识产权案件的审理期限有多长? ·················· 180
5. 发生知识产权侵权纠纷多长时间可以进行诉讼? ······ 180
6. 什么是诉前禁令?如何申请? ······················ 181
7. 什么是诉前财产保全?如何申请? ·················· 181
8. 人民法院如何进行现场勘验? ······················ 182
9. 发生知识产权侵权纠纷后,如何进行调查取证? ······ 182
10. 专利诉讼案件中,专利代理人能否作为公民代理?
    律师在诉讼中的优势有哪些? ····················· 183
11. 举证期限届满后,发现新证据怎么办? ·············· 183
12. 专利纠纷案件的举证责任如何分配? ················ 183
13. 当事人选择司法途径解决知识产权纠纷后,是否
    还可以要求行政机关处理? ······················· 183
14. 哪些侵犯知识产权的行为会构成刑事犯罪? ·········· 184

第四部分　展会知识产权保护

1. 展会现场可能发生的知识产权纠纷有哪些？……… 187
2. 展会现场发生的知识产权纠纷，应如何处理？……… 187
3. 何种情形下，展会应当设立知识产权保护办公室？ 188
4. 展会知识产权保护办公室处理纠纷的流程是什么？ 188
5. 向展会知识产权举报投诉机构提交的材料有哪些？…… 188
6. 展会主办方对侵权参展商有什么处理措施？……… 189
7. 怎样在展会现场调查取证？……………………… 189
8. 展会结束后尚未处理完毕的案件应如何处理？…… 189
9. 企业出国参展有哪些注意事项？………………… 190
10. 企业在国外展会发生纠纷如何处理？……………… 190

第五部分　知识产权海关保护

1. 知识产权海关保护有哪两种模式？……………… 195
2. 知识产权权利人向海关备案有什么好处？……… 195
3. 知识产权海关保护备案有效期有多长？………… 196
4. 海关如何认定扣留的货物是否侵犯知识产权？… 196
5. 什么情况下，海关应当放行被扣留的侵权嫌疑货物？… 196
6. 海关怎样处理被没收的侵犯知识产权货物？…… 197

北京市知识产权维权援助中心简介 ……………………… 198

第一部分
知识产权综合知识篇

第一部分　知识产权综合知识篇

1. 知识产权是什么？知识产权包括哪些种类？

知识产权，是指自然人、法人或其他组织对其智力创作成果依法享有的专有权利。

知识产权可大致分为两类：一类是工业产权，包括专利、商标、禁止不正当竞争、商业秘密、地理标志等；另一类是版权（也称"著作权"），涉及文学、艺术和科学作品，诸如小说、诗歌、戏剧、电影、音乐、歌曲、美术、摄影、雕塑以及建筑设计等。广义的著作权还包括与著作权有关的权利，如表演者对其表演的权利、录音制品制作者对其录音制品的权利以及广播电视组织者对其广播和电视节目的权利等。

此外，随着知识经济的不断发展，集成电路布图设计专有权、植物新品种权、反垄断、域名权等也逐渐被纳入到知识产权体系中。

2. 知识产权的行政保护和司法保护有什么不同？

目前，我国对知识产权采取行政保护与司法保护并重的"双轨制"保护模式，这也是我国知识产权保护的特色。

行政保护是指行政机关和执法机关依据法律赋予的行政权履行职责，维护知识产权权利人的合法权益。

司法保护是指人民法院通过对知识产权民事、行政或刑事案件的司法审判实现对知识产权权利人合法利益的保护。

行政保护与司法保护都是凭借国家公权力给予知识产权强制性的保护，但两者也存在不同：

（1）性质不同。行政保护虽然也可以通过权利人申请而启动，但它更多的是一种基于行政职权而主动采取的措施；司法保护一般则是由权利人根据诉讼法的规定向司法机关寻求法律救济而启动的保护，遵循"不告不理"的原则。

（2）公平与效率的侧重点不同。行政保护更讲求效率，措施比较直接、迅速、有力，程序也相对简单；司法保护追求的目标是公正与效力的统一，程序完善，但诉讼周期相对较长。

（3）保护措施不同。行政保护的措施主要包括责令停止侵权、查封、扣押等行政强制措施，罚款、没收违法所得等行政处罚，以及对赔偿数额的行政调解等。司法保护包括知识产权的民事救济、行政救济和刑事救济，使侵权、违法主体承担民事责任、行政责任或刑事责任。民事责任的形式包括停止侵权、消除影响、赔礼道歉、赔偿损失等；行政责任的形式包括撤销、变更具体行政行为和履行法定职责等；刑事责任的形式包括拘役、有期徒刑、罚金等。

（4）后续救济机会不同。如果权利人经过行政救济后仍不满足，还可寻求司法保护，即知识产权纠纷的行政解决不排除司法解决的后续救济机会。权利人也可以直接寻求司法保护，但是司法保护是终局的救济途径，不能因为对司法保护不满意，反过来再寻求行政保护。

3. 我国保护知识产权的行政机关有哪些？

我国针对不同的知识产权类型及其保护要求，从国家到地方，均设置了相应的履行知识产权保护职责的行政管理部门。从国家层面来看，这类行政管理部门主要包括国家市场监督管理总局、商务部、农业农村部、海关总署等；从地方层面来看，则主要由上述部委所属的地方行政管理部门来履行保护职责。

4. 我国保护知识产权相关法律规定主要有哪些？

（1）综合类：《民法通则》第五章第三节"知识产权"；《刑法》分则第三章第七节"侵犯知识产权罪"，《最高人民法院、最高人民检察院关于办理侵犯知识产权刑事案件具体应用法律若干问题的解释》；《合同法》第十八章"技术合同"；《对外贸易法》第五章"与对外贸易有关的知识产权保护";《侵权责任法》。

(2) 专利权类:《专利法》及其实施细则;《最高人民法院关于审理专利纠纷案件适用法律问题的若干规定》《最高人民法院关于对诉前停止侵犯专利权行为适用法律问题的若干规定》《国防专利条例》。

(3) 商标权类:《商标法》及其实施条例;《最高人民法院关于审理商标案件有关管辖和法律适用范围问题的解释》《最高人民法院关于审理商标民事纠纷案件适用法律若干问题的解释》《最高人民法院关于审理涉及驰名商标保护的民事纠纷案件应用法律若干问题的解释》《驰名商标认定和保护规定》《集体商标、证明商标注册和管理办法》。

(4) 著作权类:《著作权法》及其实施条例;《最高人民法院关于审理著作权民事纠纷案件适用法律若干问题的解释》《最高人民法院关于审理计算机网络著作权纠纷案件适用法律若干问题的解释》《最高人民法院关于审理涉及计算机网络域名民事纠纷案件适用法律若干问题的解释》《著作权集体管理条例》《计算机软件保护条例》《信息网络传播权保护条例》。

(5) 商业秘密类:《反不正当竞争法》《最高人民法院关于审理不正当竞争民事案件应用法律若干问题的解释》《关于禁止侵犯商业秘密行为的若干规定》。

(6) 植物新品种权类:《植物新品种保护条例》及其实施细则(农业部分、林业部分);《最高人民法院关于审理植物新品种纠纷案件若干问题的解释》。

(7) 特殊标志类:《特殊标志管理条例》《奥林匹克标志保护条例》《世界博览会标志保护条例》。

(8) 地理标志类:《商标法》《集体商标、证明商标注册和管理办法》《地理标志产品保护规定》。

(9) 集成电路布图设计专有权类:《集成电路布图设计保护条

例》及其实施细则;《最高人民法院关于开展涉及集成电路布图设计案件审判工作的通知》。

(10) 其他类:《知识产权海关保护条例》《中华人民共和国海关关于〈中华人民共和国知识产权海关保护条例〉的实施办法》《展会知识产权保护办法》。

专利权篇

一、概述

1. 什么是专利权？

专利权是指由国务院专利行政部门（国家知识产权局）授予申请人在一定期限内对其发明创造所享有的独占实施的专有权。

2. 专利有哪些种类？

根据我国《专利法》❶第2条的规定，专利分为发明、实用新型和外观设计三种。

发明专利，是指对产品、方法或者其改进所提出的新的技术方案。

实用新型专利，是指对产品的形状、构造或者其结合所提出的适于实用的新的技术方案。

外观设计专利，是指对产品的形状、图案或者其结合以及色彩与形状、图案的结合所作出的富有美感并适于工业应用的新设计。

---

❶ 本书中的《专利法》指根据2008年12月27日第十一届全国人民代表大会常务委员会第六次会议《关于修改〈中华人民共和国专利法〉的决定》第三次修正后的版本。

3. 什么是专利权的独占性、地域性、时间性？

专利权是由国务院专利行政部门依照法律规定，根据法定程序赋予专利权人的一种专有权利。它是无形财产权的一种，与有形财产相比，具有以下主要特征：

（1）具有独占性。所谓独占性亦称垄断性或专有性。专利权是由政府主管部门根据发明人或申请人的申请，认为其发明创造符合《专利法》规定的条件，而授予申请人或其合法受让人的一种专有权。它专属权利人所有，专利权人对其权利的客体（即发明创造）享有占有、使用、收益和处分的权利。

（2）具有时间性。所谓专利权的时间性，即指专利权具有一定的时间限制，也就是法律规定的保护期限。各国的专利法对于专利权的有效保护期限均有各自的规定，而且计算保护期限的起始时间也各不相同。我国《专利法》第42条规定："发明专利的期限为20年，实用新型和外观设计专利权的期限为10年，均自申请日起计算。"

（3）具有地域性。所谓地域性，就是对专利权的空间限制。它是指一个国家或一个地区所授予和保护的专利权仅在该国或该地区的范围内有效，对其他国家或地区不发生法律效力，在其他国家或地区其专利权是不被确认与保护的。如果专利权人希望在其他国家或地区享有专利权，那么，必须依照其他国家或地区的法律另行提出专利申请。除非加入国际条约及双边协定另有规定之外，任何国家都不承认其他国家或地区或者国际性知识产权机构所授予的专利权。

4. 不授予专利权的情形有哪些？

根据我国《专利法》第5条的规定，下列情形不授予专利权：
（1）违反国家法律、社会公德或者妨害公共利益的发明创造；

（2）违反法律、行政法规的规定获取或者利用遗传资源，并依赖该遗传资源完成的发明创造。

根据我国《专利法》第25条的规定，下列情形不授予专利权：

（1）科学发现；

（2）智力活动的规则和方法；

（3）疾病的诊断和治疗方法；

（4）动物和植物品种（但动物和植物品种的非生物学的生产方法可授予专利权）；

（5）用原子核变换方法获得的物质；

（6）对平面印刷品的图案、色彩或者二者的结合作出的主要起标识作用的设计。

5. 如何进行专利检索？

专利检索就是根据一项或数项特征，从大量的专利文献或专利数据库中挑选符合某一特定要求的文献或信息的过程。其对于企业的成长，对于全球生产力的节省与提高，是有举足轻重的作用的。具体有以下几种途径。

（1）中国国家知识产权局专利检索及分析系统

（网址：http：//pss-system.cnipa.gov.cn/）

该系统收录了103个国家、地区和组织的专利数据，以及引文、同族、法律状态等数据信息，其分析功能能够快速分析、定制分析、高级分析、生成分析报告等。

（2）专利信息服务平台

（网址：http：//search.cnipr.com/）

该系统支持中国专利全文、失效及运营信息等专业检索，用户可以定义私有的专利库以实时监控最新的专利变化。针对英文专利，特别开发了机器翻译模块，能对检索到的英文专利进行即时翻译。

(3) 中国专利公布公告网

(网址：http：//epub.cnipa.gov.cn/)

该系统包括自1985年9月10日以来公布公告的全部中国专利信息，其检索功能可以按照发明公布、发明授权、实用新型和外观设计四种公布公告数据进行查询，数据主要包括中国专利公布公告信息，以及实质审查生效、专利权终止、专利权转移、著录事项变更等事务数据信息。

(4) 中国及多国专利审查信息查询

(网址：http：//cpquery.cnipa.gov.cn)

该系统能够进行多国发明专利审查信息查询，包括中国国家知识产权局、欧洲专利局、日本特许厅、韩国知识产权局、美国专利商标局受理的发明专利申请及审查信息。

(5) 国家重点产业专利信息服务平台

(网址：http：//cninaip.cnipa.gov.cn)

该系统为十大重点产业提供公益性专利信息服务，在内容上涵盖有关技术创新重点领域的国内外数十个国家的专利文献信息；在功能上，针对科技研发人员和管理人员，提供一般检索、分类导航检索、数据统计分析、机器翻译等多种功能于一体的集成化专题数据库系统。

(6) 专利之星检索系统

(网址：http：//www.patentstar.cn/frmLogin.aspx)

该系统前身为CPRS专利检索系统，由国家知识产权局中国专利信息中心研发，多年服务于专利审查业务。

(7) Patentics

(网址：http：//www.patentics.com)

该系统是集专利信息检索、下载、分析与管理为一体的平台系统，其最大特点是具有智能语义检索功能，可根据文本内容包含的语义在全球专利数据库中找到与之相关的专利。Pantentics英文全文库已经成为世界全文专利库之最。

（8）佰腾网专利检索系统

（网址：http://so.baiten.cn）

目前系统包含八国（中国、美国、日本、英国、法国、德国、瑞士、俄罗斯）、二组织（欧洲专利局、PCT 组织）的信息资源，具备简单检索、高级检索、IPC 检索、外观检索、二次检索、排除检索等多种检索方式，能检索到专利最新的基本信息、费用信息、法律状态等。

二、创造

6. 专利授权需具备哪些条件？

（1）发明和实用新型专利

根据《专利法》第 22 条的规定，授予专利权的发明和实用新型，应当具备新颖性、创造性和实用性。

新颖性，是指该发明或者实用新型不属于现有技术；也没有任何单位或者个人就同样的发明或者实用新型在申请日以前向国务院专利行政部门提出过申请，并记载在申请日以后公布的专利申请文件或者公告的专利文件中。

创造性，是指与现有技术相比，该发明具有突出的实质性特点和显著的进步，或该实用新型具有实质性特点和进步。

实用性，是指该发明或者实用新型能够制造或者使用，并且能够产生积极效果。

（2）外观设计专利

根据《专利法》第 23 条的规定，授予专利权的外观设计，应当不属于现有设计；也没有任何单位或者个人就同样的外观设计在申请日前向国务院专利行政部门提出过申请，并记载在申请日以后公布的专利文件中；需要与现有设计或者现有设计特征的组合相比具有明显区别；并且不得与他人在申请日以前已经取得的合法权利相冲突。

7. 哪个部门受理专利申请？

国家知识产权局专利局（以下简称"专利局"）受理处及设在地方的专利局代办处，负责受理申请人的专利申请。申请人可以将申请文件面交到专利局的受理窗口或寄交"专利局受理处"收，也可以当面交到设在地方的专利局代办处的受理窗口或寄交"专利局×××代办处"收。

目前在北京、长春、长沙、成都、福州、广州、贵阳、哈尔滨、杭州、济南、昆明、南京、南宁、上海、深圳、沈阳、石家庄、天津、乌鲁木齐、武汉、西安、郑州、重庆、南昌、银川、合肥、兰州、海口、太原、西宁、呼和浩特、拉萨设立有专利局代办处，在青岛和苏州设有分理处。国防专利局专门受理国防专利申请。

专利局北京代办处主要承担专利局授权或委托的专利业务及相关服务性工作，工作职能属于执行专利法的公务行为，其主要业务包括：专利申请文件的受理、费减备案的审核、专利费用的收缴、办理专利登记簿副本、专利权质押登记、专利实施许可合同备案及相关业务咨询服务及相关咨询服务。

国家知识产权专利申请咨询电话：010-62356655；

代办处服务监督电话：010-62088375；

北京代办处咨询电话：010-82612006。

8. 如何进行专利电子申请？

专利电子申请在中国专利电子申请网（http://cponline.cnipa.gov.cn）进行，目前提供两种方式提交专利电子申请，具体办理流程如下：

(1) 电子申请客户端方式

A. 首先办理电子申请用户注册手续,获得用户代码和密码;

B. 登录电子申请网站,下载并安装数字证书和客户端软件;

C. 使用电子申请客户端系统制作和编辑申请文件;

D. 保存文件后检查文件内容是否完整准确;

E. 使用数字证书对电子申请文件进行签名;

F. 提交电子申请文件并接收回执;

G. 接收并下载电子申请通知书;

H. 提交申请后,可随时登录电子申请网站查询电子申请相关信息。

(2) 交互式平台方式

A. 首先办理电子申请用户注册手续,获得用户代码和密码;

B. 登录电子申请网站,安装交互式插件和证书;

C. 在交互式平台制作和编辑申请文件;

D. 预览专利申请文件;

E. 接收专利申请业务办理回执;

F. 接收通知书,管理专利申请。

9. 专利申请是否必须委托代理机构?在哪里查询代理机构信息?

中国单位或者个人在国内申请专利和办理其他专利事务的,可以委托专利代理机构办理,也可以由申请人自己办理。

按照《专利审查指南2010(修订版)》中有关委托专利代理机构的相关规定,在中国内地没有经常居所或者营业所的外国人、外国企业或者外国其他组织在中国申请专利以及在中国内地没有经常居所或者营业所的香港、澳门或者台湾地区的申请人向专利局提出专利申请的,或者作为第一署名申请人与中国内地的申请人共同申请专利的,应当委托专利代理机构办理,其他专利申请人除可以委托代理机构以外，也可以由申请人自己直接办理。

申请人可以通过国家知识产权局网站专利代理管理栏目（网址：http://www.cnipa.gov.cn/zldlgl/），查询经过年检、具有资质的各地区专利代理机构名录。申请人还可以通过登录北京市知识产权公共信息服务平台的服务天地栏目，点击进入专利代理机构项目（网址：http://www.beijingip.cn/），查询北京地区专利代理机构信息。

10. 专利申请的费用是多少？

国内专利申请的申请费用构成如下表所示：

单位：元

费用类型		发明	实用新型	外观设计
申请费		900	500	500
公布印刷费		50		
说明书附加费	从第31页起每页	50	50	50
	从第301页起每页	100	100	100
权利要求附加费从第11项起每项		150	150	150
优先权要求费每项		80	80	80

11. 如何缴纳专利申请费？缴纳的期限是多久？

目前，专利申请费以及其他费用都可以通过三种缴费方式进行缴纳：网上缴费、银行/邮局汇款转账、专利局/代办处面交。

（1）网上缴费

电子申请注册用户，可以通过登录中国专利电子申请网（http://cponline.cnipa.gov.cn/），使用网上缴费系统缴纳专利费用。其中个人用户可使用银行卡支付方式，专利代理机构和企事业单位用户可以使用对公账户支付方式。网上以对公账户及个人账户缴费的，可以选择在代办处自取收据。网上缴费的缴费日以网上缴费系统收到的银联在线支付平台反馈的实际支付时间所对应的日期来确定。

（2）银行/邮局汇款转账

缴费人可以通过银行或邮局汇付专利费用。通过银行或邮局汇付专利费用时，应当在汇款单附言栏中写明正确的申请号（或专利号）及费用名称（或简称）。

缴费人汇款时，应当要求银行或邮局工作人员在汇款附言栏中录入上述缴费信息；通过邮局汇款的，还应当要求邮局工作人员录入完整通信地址，包括邮政编码。费用不得寄到专利局受理处或者专利局其他部门或者审查员个人。收到银行或邮局汇款凭证应认真核对申请号或专利号以及缴费人的通信地址、邮政编码，避免因银行或邮局工作人员录入错误造成的必要信息丢失。通过邮局汇款的，一个申请号（或专利号）应为一笔汇款。

缴费人通过银行或邮局汇付的，如果未在汇款时注明上述必要信息，可以在汇款当天（最迟不超过汇款次日）补充缴费信息。补充缴费信息的方式如下：登录专利缴费信息网上补充及管理系统（http：//fee.cnipa.gov.cn）进行缴费信息的补充；通过传真（010－62084312/8065）或发送电子邮件（shoufeichu@sipo.gov.cn）的方式补充缴费信息。补充完整缴费信息的，以补充完整缴费信息日为缴费日。因逾期补充缴费信息或补充信息不符合规定，造成汇款被退回或入暂存的，视为未缴纳费用。

国家知识产权局专利局银行汇付：
开户银行：中信银行北京知春路支行
户名：国家知识产权局专利局
账号：7111710182600166032

国家知识产权局专利局邮局汇付：

收款人姓名：国家知识产权局专利局收费处
商户客户号：110000860（可代替地址邮编）
地址及邮编：北京市海淀区蓟门桥西土城路6号（100088）

各代办处银行及邮局账户信息可登录 http：//www. cnipa. gov. cn/zldbc 进行查询。

（3）专利局/代办处面交

缴费人可以直接向专利局或专利代办处收费窗口缴纳专利费用，以当天缴费的日期为缴费日。

对同一个专利申请号（或专利号）缴纳费用时，如果费用种类填写错误，缴费人可以在正确费用种类的缴纳期限内提出关于请求转换费用种类的意见陈述书并附具相应证明寄至受理处，经专利局确认后可以对费用种类进行转换。但不同申请号（或专利号）之间的费用不能转换。

因缴费人信息填写不完整或者不准确，造成费用不能退回或者退款无人接收的，费用暂时存入专利局账户（以下简称"暂存"）。费用入暂存的，视为未办理缴费手续。

专利申请费的缴纳期限为：自申请日起2个月或在收到受理通知书之日起15日内缴纳费用。

12. 专利费可减免（减缓）哪些部分？

申请人或者专利权人缴纳专利费用确有困难的，可以请求减缴。可以减缴的费用包括四种：申请费（其中公布印刷费、申请附加费不予减缴）、发明专利申请审查费、复审费、自授予专利权当年起6年的年费。

授权前已获准专利费用减缴的，自授权当年起连续6个年度可按已批准的减缴比例缴纳年费。例如，一件已获准减缴专利费用的专利申请的授权当年为第三年度（即办理登记手续通知书中所指明的年度），则专利权人按批准的减缴比例可以减缴第三年度、第四年度、第五年度、第六年度、第七年度、第八年度的年费，第九年度起应按全额缴纳年费。

自 2016 年 9 月 1 日（含）起，所有专利费用减缴业务均须提前在专利费用减缴备案系统中办理备案。申请人在提出专利申请时请求费用减缴（以下简称"费减"）的，只需在专利申请请求书中勾选"□请求费减且已完成费减资格备案"，并填写专利费减备案证件号；申请人或专利权人在申请日后请求费减的，则需提交《费用减缴请求书（申请日后提交适用）》，并填写专利费减备案证件号。申请人或专利权人只能就尚未到期的费用请求减缴，并且应当在有关费用缴纳期限届满日的 2.5 个月之前提出费用减缴请求。

专利费减备案系统登录地址：http://cpservice.cnipa.gov.cn；电子申请注册用户可使用电子申请注册用户名登录；非电子申请注册用户需注册公众用户名登录。

13. 逾期未缴纳专利申请费，将引起哪些后果？

依据《专利法实施细则》第 95 条规定，申请人应当自申请日起 2 个月内或者在收到受理通知书之日起 15 日内缴纳申请费、公布印刷费和必要的申请附加费；期满未缴纳或者未缴足的，其申请视为撤回。

14. 专利申请期限是多久？

（1）发明专利：发明专利申请的审批程序包括受理、初步审查、公布、实质审查以及授权公告五个阶段。通常自申请日（有优先权的为优先权日）起 18 个月进行公布，通过实审阶段并获得授权则需 2~3 年的时间。

（2）实用新型和外观设计专利：需要经过受理、初步审查和授权公告阶段，由于不需要进行早期公布和实质审查，获得授权的周期相对较快，一般为 6~10 个月。

15. 发明或实用新型专利申请需提交哪些材料？有何注意事项？

（1）申请发明专利的，申请文件应当包括：发明专利请求书、说明书摘要（必要时应当提交摘要附图）、权利要求书、说明书（必要时应当提交说明书附图）。

涉及氨基酸或者核苷酸序列的发明专利申请，说明书中应当包括该序列表，把该序列表作为说明书的一个单独部分提交，并单独编写页码，同时还应提交记载有该序列表的符合规定的光盘或软盘。

依赖遗传资源完成的发明创造申请专利的，申请人应当在请求书中对遗传资源的来源予以说明，并填写遗传资源来源披露登记表，写明该遗传资源的直接来源和原始来源。申请人无法说明原始来源的，应当陈述理由。

（2）申请实用新型专利的，申请文件应当包括：实用新型专利请求书、说明书摘要及其摘要附图、权利要求书、说明书、说明书附图。

16. 外观设计专利申请需提交哪些材料？有何注意事项？

申请外观设计专利，专利申请文件应当包括：外观设计专利请求书、图片或者照片（要求保护色彩的，应当提交彩色图片或者照片）以及对该外观设计的简要说明。

需要注意的是：提交图片的，应当均应为图片；提交照片的，应当均应为照片；不得将图片或照片混用。外观设计的简要说明应当写明外观设计产品的名称、用途，外观设计的设计要点，并指定一幅最能表明设计要点的图片或者照片。省略视图或请求保护色彩的，应当在简要说明中写明。委托专利代理机构的，应提交委托书。申请费用减缓的，应提交费用减缓请求书及相应的证明文件。

17. 什么是优先权？要求优先权的期限是多久？如何要求优先权？

（1）优先权是指专利申请人就其发明创造第一次提出专利申请后，在法定期限内，又就相同主题的发明创造提出专利申请的，根据有关法律规定，其在后申请以第一次专利申请的日期作为其优先权日。专利申请人依法享有的这种权利，就是优先权。

（2）《专利法》第 29 条规定，申请人自发明或者实用新型在外国第一次提出专利申请之日起 12 个月内，或者自外观设计在外国第一次提出专利申请之日起 6 个月内，又在中国就相同主题提出专利申请的，依照该外国同中国签订的协议或者共同参加的国际条约，或者依照相互承认优先权的原则，可以享有优先权。这种优先权被称为外国优先权。

申请人自发明或者实用新型在中国第一次提出专利申请之日起 12 个月内，又向国务院专利行政部门就相同主题提出专利申请的，可以享有优先权。这种优先权被称为本国优先权。

（3）按照相关规定，申请人要求优先权的，应当按下列要求办理：①应当在申请时提出书面声明，并在书面声明中写明作为优先权基础的在先申请的申请日、申请号和受理该申请的机构名称。②在提出专利申请时按项缴纳优先权要求费，每项优先权 80 元。③自在后申请之日起 3 个月内应当提交作为优先权基础的在先申请文件的副本，副本应当由该在线申请的原受理机构出具，副本格式应当符合国际惯例。要求本国优先权的，在先申请文件副本由专利局根据规定制作，申请人要求本国优先权且在请求书中写明了在先申请的申请日和申请号的，视为提交了在先申请文件副本。

18. 专利申请文件是否能够进行修改？

《专利法》第 33 条规定，申请人可以对其专利申请文件进行修改,但是对发明和实用新型专利申请文件的修改不得超出原说明书和权利要求书记载的范围,对外观设计专利申请文件的修改不得超出原图片或者照片表示的范围。

发明专利申请人在提出实质审查请求时以及在收到专利局发出的发明专利申请进入实质审查阶段通知书之日起 3 个月内,可以对发明专利申请主动提出修改。

实用新型或者外观设计专利申请人自申请日起 2 个月内,可以对实用新型或者外观设计专利申请主动提出修改。

19. 计算机程序可以申请专利吗?

计算机程序本身属于人类智力活动的规则和方法,根据《专利法》第 25 条第 1 款第（2）项的规定,不能授予专利权。但是如果涉及计算机程序的发明是为了解决发明提出的问题,全部或者部分以计算机程序处理流程为基础的解决方案的话,是可以申请专利的。

20. 商业方法可以申请专利吗?

关于商业方法是否可以申请专利,按照我国《专利审查指南2010（修订版）》的解释,纯粹的商业方法以及本质上为商业方法的专利申请,由于其没有采用技术手段或者利用自然规律,也未解决技术问题和产生技术效果,属于不能被授予专利权的"智力活动的规则和方法"范围,不可以申请专利。但是如果商业方法能够与信息网络技术或计算机软、硬件等技术类的主题相结合,也可以申请专利保护。

21. 同一发明创造是否可以同时申请实用新型专利及发明专利?

《专利法》第 9 条规定,同样的发明创造只能授予一项专利权。

但是，同一申请人同日对同样的发明创造既申请实用新型专利又申请发明专利，先获得的实用新型专利权尚未终止，且申请人声明放弃该实用新型专利权的，可以授予发明专利权。

同一申请人在同日对同样的发明创造既申请实用新型专利又申请发明专利的，应当在申请时分别说明对同样的发明创造已申请了另一专利。

22. 一系列（成套）外观设计如何申请专利？

根据《专利法》第31条的规定，一件外观设计专利申请应当限于一项外观设计。同一产品两项以上的相似外观设计，或者用于同一类别并且成套出售或者使用的产品的两项以上的外观设计，可以作为一件申请提出。

对同一产品的多项相似外观设计提出一件外观设计专利申请的，应当在外观专利的简要说明中指定其中一项作为基本设计。所称同一类别并且成套出售或者使用的产品的两项以上外观设计，是指各产品属于分类表中同一大类，习惯上同时出售或者同时使用，而且各产品的外观设计具有相同的设计构思。

23. 两个以上的申请人同日就同样的发明创造申请专利的，如何处理？

两个以上的申请人分别就同样的发明创造申请专利的，专利权授予最先申请的人。两个以上的申请人同日（指申请日；有优先权的，指优先权日）分别就同样的发明创造申请专利的，应当在收到国务院专利行政部门的通知后自行协商确定申请人。

申请各方可以协商确定一个申请人，也可以协商确定各方作为共同申请人。协商不成的，按照《专利审查指南2010（修订版）》的规定，两件专利申请将予以驳回。

24. 专利申请被驳回，该如何应对？

《专利法》第41条规定，"国务院专利行政部门设立专利复审委员会❶。专利申请人对国务院专利行政部门驳回申请的决定不服的，可以自收到驳回决定通知之日起三个月内，向专利复审委员会请求复审。专利复审委员会复审后，作出决定，并通知专利申请人。专利申请人对专利复审委员会的复审决定不服的，可以自收到通知之日起三个月内向人民法院起诉。"

25. 专利申请能否撤回？何时可以请求发明专利实质审查？

《专利法》第32条规定，申请人可以在被授予专利权之前随时撤回其专利申请。

《专利法》第35条规定，发明专利申请自申请日起3年内，国务院专利行政部门可以根据申请人随时提出的请求，对其申请进行实质审查；申请人无正当理由逾期不请求实质审查的，该申请即被视为撤回。国务院专利行政部门认为必要的时候，可以自行对发明专利申请进行实质审查。

26. 发明专利申请提前公开的利与弊？

有利之处在于：根据《专利法》第13条规定，发明专利申请公布后，申请人可以要求实施其发明的单位或者个人支付适当的费用，也就是获得所谓"临时保护"。提前进行公开，申请人可以尽早获得《专利法》所规定的临时保护。另外，早日公布，对该专利今后进入市场、占领市场可能产生一定帮助作用。

不利之处在于：过早公开申请内容，他人可能利用或实施该申

---

❶ 根据2018年11月国家知识产权局机构改革方案，专利复审委员会更名为专利局复审和无效审理部。但在直接引用法条时，采取与法律文件一致的旧称。

请，有可能损害申请人的利益。另外，对拟撤回的专利申请，是否已经公开对于后续的权利会产生较大影响。若专利申请撤回时，其内容尚未公开，该技术还可以作为一项技术秘密由申请人拥有，并且日后还可重新提出专利申请；若专利申请撤回时，其申请内容已经公开，则意味着该技术已经进入公知技术领域，申请人不能再就相同内容获得专利保护。

27. 什么是保密专利？保密专利申请的审批程序是什么？

保密专利是指发明内容涉及国防利益以外的国家安全或重大利益的发明或实用新型专利。与普通专利相同，保密实用新型专利申请仅经过初步审查；保密发明专利申请分为初步审查和实质审查两个阶段。保密实用新型专利申请的初步审查、保密发明专利申请的实质审查由专利局指定的审查员进行，其他审查均由保密审查员进行，审查基准与一般发明或实用新型专利申请审查基准相同。初步审查合格的保密发明专利申请不予公布，已有实质审查请求并缴纳实质审查费的，直接进入实质审查程序。保密实用新型专利申请经初步审查，保密发明专利申请经初步和实质审查没有发现驳回理由的，做出授予专利权通知，并由保密审查员通知申请人办理专利权登记手续。保密专利申请的授权公告仅公布专利号、申请日和授权公告日。

28. 什么是国防专利？国防专利申请的审批程序是什么？

国防专利是指涉及国防利益以及对国防建设有潜在作用需要保密的发明专利。

国家国防专利机构负责受理和审查国防专利申请。经审查没有发现驳回理由的，由国务院专利行政部门根据国防专利机构的审查意见作出授予国防专利权的决定，并委托国防专利机构颁发国防专利证书，同时在国务院专利行政部门出版的专利公报上公告国防专利的专利号、申请日和授权公告日。

29. 如何申请其他国家的专利？

目前，在我国向其他国家或地区申请专利有两种途径：
(1) 通过《巴黎公约》❶ 途径直接申请国外专利；
(2) 通过 PCT 途径申请国外专利。

根据《专利法》第 20 条的规定，任何单位或者个人将在中国完成的发明或者实用新型向国外申请专利的，应当事先报经国家知识产权局进行保密审查。

上述两种途径中，通过《巴黎公约》途径直接向外国申请专利或者向有关国外机构提交专利国际申请的，应当事先向国家知识产权局提出专利申请或向外申请前保密审查请求，并详细说明其技术方案，得到批准后方可向国外提出专利申请。通过 PCT 途径向国家知识产权局提交国际专利申请的，视为同时提出了保密审查请求。

30. 什么是 PCT 申请？如何进行？

PCT 是《专利合作条约》(Patent Cooperation Treaty) 的英文缩写。根据 PCT 的规定，专利申请人可以通过 PCT 途径递交国际专利申请，向多个国家申请专利。

PCT 专利申请审查步骤如下：

(1) 向作为 PCT 受理局的国家局提出 PCT 国际申请。国际申请提出时自动指定全部 PCT 成员国，这些被指定的国家称为"指定国"。

(2) PCT 受理局将对受理的 PCT 申请的文件进行形式审查，审查合格后则将国际 PCT 申请文件分别送交世界知识产权组织 (World Intellectual Property Organization, WIPO) 国际局和国际检索

---

❶《巴黎公约》全称为《保护工业产权巴黎公约》。

单位。

（3）PCT 专利申请提交后，在规定的时间内，受理国的专利局作为国际检索单位将对 PCT 专利申请进行检索，并作出国际检索报告。

（4）进行国际初步审查，根据《专利合作条约》规定，国际初步审查程序不是强制性的。国际初步审查的目的是就该发明是否具有新颖性、创造性和实用性提出初步的意见。

（5）由申请人启动进入国家阶段，申请人一般必须在自优先权日起 30 个月（在某些国家可能是 20 个月）内办理进入指定国的手续，包括缴纳国家费用、递交翻译成该国语言的国际申请的译文等，然后由各国专利局按其专利法规规定对其进行审查，并决定是否授予专利权。

中国国家知识产权局是 PCT 国家申请的受理局，同时也是国际检索单位和国际初步审查单位。

31. 通过 PCT 途径递交国际专利申请有哪些优势和不足？

通过 PCT 途径申请专利的好处除了简化和规范向外国申请专利的手续（只需提交一份国际专利申请，就可以在申请日起 30 个月内进入多个国家，而不必立即向每一个国家分别提交专利申请）以外，更重要的是可以推迟进入国际市场的决策时间，有利于调整申请策略。当向外国提出普通专利申请时，专利申请人必须在首次提交专利申请之日后的 12 个月内向每一个国家的专利局提交专利申请。而通过 PCT 途径，专利申请人可以在首次提交专利申请之后的 30 个月内办理国际专利申请进入每一个国家的手续。这样便延长了进入国家阶段的时间。利用这段时间，专利申请人可以对市场、对发明的商业前景以及其他因素进行调查，在花费较大资金进入国家阶段之前，决定是否继续申请外国专利。

但其不足在于审查周期较单独申请更长，因为申请人要在提交国际专利申请日算起 18 个月（或于申请人提出优先权要求的首次专利申请的申请日算起 30 个月）之后，才开始启动具体进入国家阶段程序。这意味着，申请人通常要比不使用 PCT 途径至少多花 18 个月时间。

PCT 国际申请国际阶段咨询电话：010-62088476；

PCT 国际申请国家阶段咨询电话：010-62088300。

32. 什么是"专利审查高速公路"？

通过专利审查高速公路（Patent Prosecution Highway，PPH），可以使国外专利申请快速获得授权。专利审查高速公路是指申请人提交首次申请的专利局认为该申请的至少一项或多项权利要求可授权，只要相关后续申请满足一定条件，包括首次申请和后续申请的权利要求充分对应、首次申请专利局的工作结果可被后续的专利局获得，申请人即可以首次申请的专利局的工作结果为基础，请求后续申请的专利局加快审查后续申请。

目前，中国国家知识产权局与日本、韩国、德国及美国等 20 余个专利审查机构正式启动了 PPH 试点，为中国申请人在上述各国快速获取专利权提供了便捷的通道。

33. 外国人如何在我国申请专利？

在中国有经常居所或者营业所的外国人、外国企业和外国其他组织在专利权的保护上可以享受国民待遇，即与中国国民一样有权申请专利，通过基本相同的专利申请流程，从而获得专利保护。在中国没有经常居所或者营业所的外国人、外国企业或者外国其他组织在中国申请专利的，应当委托专利代理机构办理。

34. 发明专利申请审查的程序是什么？

发明专利申请审查的程序如下：

（1）提出申请。申请人向国家知识产权局提交请求书及其他有关文件，也可以委托专利代理机构提出专利申请。

（2）受理申请。国家知识产权局收到请求书及其他有关文件后，对符合受理条件的申请发出受理通知书，确定专利申请日，给予专利申请号，并通知申请人。

（3）缴纳费用。申请人根据自身需要，按照申请号缴纳相应的申请费、附加费、审查费等相关费用。

（4）初步审查。国家知识产权局对申请文件的格式、法律要求、费用缴纳等情况作形式审查。

（5）公布申请。对初审合格的发明专利申请，自申请之日起满18个月，在《发明专利公报》上公布。申请人也可以请求提前公布，国家知识产权局将在初审合格后立即公布。

（6）实质审查。发明专利申请自申请日起3年内，国家知识产权局可以根据申请人请求对其申请进行实质审查，也可自行对发明专利申请进行实质审查。

（7）授权公告。发明专利申请经实质审查没有发现驳回理由的，由国家知识产权局授予发明专利权，发给发明专利证书，在《发明专利公报》上予以登记和公告。

35. 实用新型和外观设计专利申请审查的程序是什么？

我国《专利法》规定对实用新型和外观设计专利申请实行初步审查制度，与发明专利审查程序相比，没有实质审查阶段。一件实用新型或外观设计专利申请的完整审查程序包括受理、初步审查、授权公告三个阶段，具体步骤如下：

（1）提出申请。申请人向国家知识产权局提交请求书及其他有关文件，也可以委托专利代理机构提出专利申请。

（2）受理申请。国家知识产权局收到请求书及其他有关文件后，对符合受理条件的申请发出受理通知书，确定专利申请日，给予专利申请号，并通知申请人。

（3）缴纳费用。申请人根据自身需要，按照申请号缴纳相应的申请费、附加费等相关费用。

（4）初步审查：国家知识产权局对申请文件的格式、法律要求、费用缴纳等情况作形式审查。

（5）授权公告。实用新型或外观设计专利申请经初步审查没有发现驳回理由的，由国家知识产权局授予专利权，发给相应的专利证书，在《实用新型专利公报》或《外观设计专利公报》上予以登记和公告。

36. 如何办理专利优先审查手续？

2017年8月1日起，专利局依据《专利优先审查管理办法》，对符合规定的发明、实用新型、外观设计专利申请提供快速审查通道。以下六个方面的专利申请可以请求优先审查：

（1）涉及节能环保、新一代信息技术、生物、高端装备制造、新能源、新材料、新能源汽车、智能制造等国家重点发展产业。

（2）涉及各省级和设区的市级人民政府重点鼓励的产业。

（3）涉及互联网、大数据、云计算等领域且技术或者产品更新速度快。

（4）专利申请人或者复审请求人已经做好实施准备或者已经开始实施，或者有证据证明他人正在实施其发明创造。

（5）就相同主题首次在中国提出专利申请又向其他国家或者地区提出申请的该中国首次申请。

（6）其他对国家利益或者公共利益具有重大意义需要优先审查。

请求办理专利优先审查的条件如下：

（1）请求优先审查的发明专利申请应当是电子申请。如果专利申请是纸件申请，则应当将纸件申请转成电子申请。

（2）发明专利申请应当进入实质审查阶段。

（3）对专利申请提出优先审查请求，应当经全体申请人同意。

请求办理专利优先申请所需提交的材料如下：

（1）《专利申请优先审查请求书》。除《专利优先审查管理办法》第3条第（5）项的情形外，优先审查请求书应当由国务院相关部门或者省级知识产权局签署推荐意见。

（2）现有技术或者现有设计信息材料。

（3）相关证明文件。

37. 审查意见的答复期限是多久？如何对审查意见进行答复？

（1）根据《专利审查指南2010（修订版）》的规定，实审阶段第一次审查意见通知书的答复期限是4个月，再次审查意见通知书的答复期限是2个月。申请人无正当理由逾期不答复审查意见通知书，其申请将被视为撤回。如果申请人或代理人认为在通知书指定的期限内答复有困难，则可以在答复期限届满日之前书面提出延长期限请求，并在上述届满日之前缴纳延长期限请求费。

（2）关于答复的形式和内容，针对审查意见通知书中的审查意见，申请人的答复可以仅仅是意见陈述书，也可以包括经过修改的申请文件的替换页。其中，答复的意见陈述书在形式上应当采用规定的意见陈述书的方式，在内容上，申请人可对具体的审查意见逐一进行答复。如果申请人不同意审查员在审查意见通知书中作出的审查意见，应当在其答复的意见陈述书中详细陈述其反驳意见；如果申请人根据审查意见对申请文件进行了修改，则应当在意见陈述书中对修改内容是否符合有关规定以及如何克服原申请文件存在的缺陷予以说明，并提交经过修改的申请文件的替换页一式两份，同时还应当提交一份修改前后的对照明细表或在原文复制件上作出修改的对照页，以便于审查员的后续审查。

38. 对审查中的专利有异议，如何提出？

《专利法》第45条规定，自国务院专利行政部门公布授予专利权之日起，任何单位或者个人认为该专利权的授予不符合《专利法》的有关规定的，可以填写《意见陈述书》（国家知识产权局网站提供标准文本），并按照说明邮寄至国家知识产权局，供审查员进行审查时参考。

39. 如何启动专利复审程序？专利复审的流程是什么？

申请专利时，如果申请被驳回，申请人可以通过专利复审程序进行救济。专利复审程序只有专利申请人才有权启动，而且必须在接到驳回通知3个月内向专利局复审和无效审理部提出。

专利局复审和无效审理部经过形式审查受理复审请求从而启动复审程序后，由原审查部门进行前置审查并提出前置审查意见。原审查部门同意撤销原驳回决定的，专利局复审和无效审理部将作出撤销原驳回决定的复审决定并通知复审请求人，由原审查部门继续对该专利申请进行审批。原审查部门在前置审查中坚持原驳回决定的，专利局复审和无效审理部将成立合议组进行审查。

合议组经审查后作出复审决定。撤销原驳回决定的，由原审查部门继续进行审查程序。维持原驳回决定的，若专利申请人不服，可以在法定期限内进入后续司法救济程序。

40. 对专利复审结果不服，怎么办？

根据《专利法》第41条第2款的规定，专利申请人对专利局复审和无效审理部作出的复审决定不服的，可以自收到通知之日起3个月内向人民法院起诉。专利申请人未在规定的期限内起诉的，复审决定生效。专利申请人向法院起诉的，根据法院管辖权的有关规定，由北京知识产权法院受理。

41. 专利权何时生效？

专利权自授权公告之日起生效，但专利权的保护期限自申请日起计算。权利人可以对他人自申请日起实施的侵权行为进行追偿。

42. 何种情形下专利权会提前终止？

《专利法》第44条规定，有下列情形之一的，专利权在期限届满前提前终止：

（1）没有按照规定缴纳年费的；
（2）专利权人以书面声明放弃其专利权的。

专利权的终止，由专利局登记和公告。

43. 专利证书副本有什么作用？

一项专利有两名以上专利权人的，办理专利登记手续后，国家知识产权局只向第一专利权人颁发一份专利证书。其他共同权利人的权利，通过专利局出具的专利证书副本进行证明。对同一专利权颁发的专利证书副本数目不能超过共同权利人的总数。专利权终止后，不再颁发专利证书副本。

此外，颁发专利证书后，因专利权转移发生专利权人变更的，专利局不再向新专利权人或者新增专利权人颁发专利证书副本。

44. 专利证书遗失后能否补办？

专利证书遗失的，除专利局的原因造成的以外，不予补发；专利证书只是证明授权当时的专利法律状态，专利授权之后，专利的法律状态的变更仅在专利登记簿上记载。

此外，还可以向专利局申请办理专利证书证明。

45. 什么是专利登记簿副本？

根据《专利审查指南 2010（修订版）》第五部分第九章的 1.3.3，专利登记簿副本是依据专利登记簿制作。专利权授予公告之日后，任何人都可以向专利局请求出具专利登记簿副本。请求出具专利登记簿副本的，应当提交办理文件副本请求并缴纳相关费用。

专利登记簿记载的内容包括：专利权的授予，专利申请权，专利权的转移，保密专利的解密，专利权的无效宣告，专利权的终止，专利权的恢复，专利权的质押、保全及其解除，专利实施许可合同备案，专利实施的强制许可及专利权人姓名或者名称、国籍、地址的变更。

46. 专利证书和专利登记簿有什么区别？

授予专利权时，专利登记簿与专利证书上记载的内容是一致的，在法律上具有同等效力。专利权授予之后，专利的法律状态的变更仅在专利登记簿上记载，因此，专利登记簿与专利证书记载的内容不一致的，以专利登记簿记载的法律状态为准。

三、运用

47. 如何进行专利申请权转让？

对专利申请权进行转让，首先应当签订转让合同，由转让方将其发明创造申请专利的权利转让给受让方，而受让方支付约定的价款。订立合同后，双方到专利局办理登记手续，并由其进行公告，以及进行著录事项变更。专利申请权的转让自登记之日起生效。

专利申请权转让合同的主要条款包括：合同名称、发明创造名称、发明创造种类、发明人或者设计人、技术情报和资料清单、专利申请被驳回的责任、价款及其支付方式、违约金损失赔偿额的计算方法、争议的解决办法等。

当专利申请人或专利权人有两个或两个以上时，应当由所有申请人或者专利权人共同协商，共同进行转让。共有专利权人可推选代表人，代表人的决定视为已经过全部申请人同意。

48. 如何进行专利权转让？

进行专利权转让，双方当事人应首先订立书面合同，并向专利局登记和公告，以及进行著录事项变更。专利权的转让自登记之日起生效。专利权转让合同的主要条款包括：合同名称、发明创造名称、发明创造种类、发明人或者设计人、技术情报和资料清单、专利申请被驳回的责任、价款及其支付方式、违约金损失赔偿额的计算方法、争议的解决办法等。

中国单位或者个人向外国人、外国企业或者外国其他组织转让专利申请权或者专利权的，应当依照有关法律、行政法规的规定办理其他手续。

49. 如何办理专利信息的变更登记？

著录项目变更是指申请人、专利权人、代理人等有关事项发生变化的，国家知识产权局根据当事人的请求依法对这些事项进行更改的程序。进行著录事项变更的，需要提交著录事项变更请求书（国家知识产权局网站提供格式范本）及其他证明变更事项的材料。办理著录项目变更手续应当按照规定缴纳著录项目变更手续费。著录事项变更自国家知识产权局发出变更手续合格通知书之日起生效。

50. 专利权转让后，是否可以获得新的专利证书？

颁发专利证书后，因专利权转让发生专利权人变更的，专利局不再向新专利权人出具新的证书。新专利权人确实需要证明其专利法律效力的，可以请求办理专利登记簿副本。专利权授予之后，专利的法律状态的变更仅在专利登记簿上记载。

51. 他人伪造合同或签名转让了专利，如何恢复权利？

他人伪造合同或权利人签名进行了专利转让，则属于无权处分行为。该转让行为无效。

专利权转让除了需要转让合同生效以外，申请人（或专利权人）应当以著录项目变更的形式向专利局登记，专利权转让才正式生效。如果无权处分人已经办理著录项目变更的，原专利权人应通过向法院起诉，获得确权的判决书后，依据法院判决结果到国家知识产权局请求将著录事项变更回原状态。

52. 专利许可合同的类别？

专利许可合同主要分为三类：

（1）独占实施许可合同：被许可方取得在约定范围内使用其专利，不仅如此，还有权拒绝任何人（包括许可方）在该范围内实施；

（2）排他实施许可合同：被许可方有权在约定范围内使用，但许可方仍有权在该范围内实施；

（3）普通实施许可合同：许可方（即专利权人）允许被许可方在约定的范围内使用其专利，许可方仍保留使用该项专利或再与第三方签订许可合同的权利。

53. 专利许可合同备案有什么作用？如何进行专利许可合同备案？

国家知识产权局建立专利实施许可合同备案数据库，公众可以查询专利实施许可合同备案的法律状态。备案不是专利实施许可合同的生效条件，但经备案的专利许可合同具有公示力，可以对抗善意第三人。

当事人应当自专利实施许可合同生效之日起3个月内办理备案手续。当事人可以通过邮寄、直接送交或者国家知识产权局规定的其他方式办理专利实施许可合同备案相关手续。在中国没有经常居所或者营业所的外国人、外国企业或者外国其他组织办理备案相关手续的，应当委托依法设立的专利代理机构办理。中国的单位或者个人办理备案相关手续的，可以委托依法设立的专利代理机构办理。

《专利实施许可合同备案办法》第8条规定，申请专利实施许可合同备案的，应当提交下列文件：

（1）许可人或者其委托的专利代理机构签字或者盖章的专利实施许可合同备案申请表；

（2）专利实施许可合同；

（3）双方当事人的身份证明；

（4）委托专利代理机构的，注明委托权限的委托书；

（5）其他需要提供的材料。

国家知识产权局自收到备案申请后，经审查合格，将向当事人出具《专利实施许可合同备案证明》。专利实施许可合同备案的有关内容由国家知识产权局在专利登记簿上登记，并在专利公报上公告以下内容：许可人、被许可人、主分类号、专利号、申请日、授权公告日、实施许可的种类和期限、备案日期。

54. 什么情况下可以请求专利强制许可？如何申请专利强制许可？

《专利法》规定，下列五种情况下可以请求专利强制许可：

（1）专利权人自专利权被授予之日起满3年，且自提出专利申请之日起满4年，无正当理由未实施或者未充分实施其专利的，具备实施条件的单位或者个人可以根据《专利法》第48条第（1）项的规定，请求给予强制许可。

（2）专利权人行使专利权的行为被依法认定为垄断行为的，为消除或者减少该行为对竞争产生的不利影响，具备实施条件的单位或者个人可以根据《专利法》第48条第（2）项的规定，请求给予强制许可。

（3）在国家出现紧急状态或者非常情况时，或者为了公共利益的目的，国务院有关主管部门可以根据《专利法》第49条的规定，建议国家知识产权局给予其指定的具备实施条件的单位强制许可。

（4）为了公共健康目的，对取得专利权的药品，国务院专利行政部门可以根据《专利法》第50条的规定，给予制造并将其出口到符合中华人民共和国参加的有关国际条约规定的国家或者地区的强制许可。

（5）一项取得专利权的发明或者实用新型比前已经取得专利权的发明或者实用新型具有显著经济意义的重大技术进步，其实施又有赖于前一发明或者实用新型的实施的，该专利权人可以根据《专利法》第51条的规定请求给予实施前一专利的强制许可。国家知识产权局给予实施前一专利的强制许可的，前一专利权人也可以请求给予实施后一专利的强制许可。

国家知识产权局负责受理和审查强制许可。请求给予强制许可的，应当向国家知识产权局提交强制许可请求书，写明下列各项：

（1）请求人的姓名或者名称、地址、邮政编码、联系人及电话；

（2）请求人的国籍或者其总部所在的国家或者地区；

（3）被请求强制许可的发明专利或实用新型专利的名称、专利号、申请日及授权公告日；

（4）被请求强制许可的发明专利或实用新型专利的专利权人姓名或者名称；

（5）请求给予强制许可的理由和事实；

（6）请求人委托专利代理机构的，应当注明的有关事项；请求人未委托专利代理机构的，其联系人的姓名、地址、邮政编码及联系电话；

（7）请求人的签字或者盖章；委托代理机构的，还应当有该专利代理机构的盖章；

（8）附加文件清单；

（9）其他需要注明的事项。请求书及其附加文件应当一式两份。

55. 专利被强制许可后是否可以获得报酬？强制许可的专利产品的市场范围如何确定？

取得实施强制许可的单位或者个人应当付给专利权人合理的使用费，或者依照中华人民共和国参加的有关国际条约的规定处理使用费问题。付给使用费的，其数额由双方协商；双方不能达成协议的，由国务院专利行政部门裁决。

强制许可的专利产品的市场范围为：除为消除垄断行为对市场造成的不利影响，以及为了公共健康目的进行药品强制许可外，强制许可的实施应当主要为了供应国内市场。

56. 专利共有人能否单独进行专利许可或转让？

专利申请权或者专利权的共有人对权利的行使，如专利许可或专利转让有约定的,从其约定。没有约定的,共有人可以单独实施或者以普通许可方式许可他人实施该专利;许可他人实施该专利的,收取的使用费应当在共有人之间分配。除此以外,行使共有的专利申请权或者专利权应当取得全体共有人的同意。

57. 如何进行专利权质押?专利质押合同与质押权何时生效?

进行专利权质押应当订立书面质押合同,并到国家知识产权局专利局初审及流程管理部专利事务服务处或各地方代办处进行质押登记。专利质押合同自双方签字之日起生效,质权自质押登记后生效。当事人可以按以下程序办理质押合同登记:①签订专利权质押合同;②填写登记申请表(国家知识产权局提供统一范本);③提交以下文件:专利权质押合同登记申请表,专利权质押合同原件,出质人和质权人的合法身份证明,由出质人、质权人以及被委托人共同签章的委托书原件和被委托人的身份证复印件,其他需要提供的材料;④按规定缴纳登记费。登记费可由当事人协商负担;⑤当事人提交了齐备的申请文件并以缴费之日为登记申请的受理日,由此开始专利局起动审核程序,依法对登记申请进行审查;⑥需要补正的,当事人应当按补正通知书的要求进行补正;⑦不论登记申请得以批准与否,国家知识产权局均将以通知书形式将审查结果通知当事人。专利权质押登记申请经审查合格的,国家知识产权局将在专利公报中予以公告,同时将在专利登记簿上予以登记。

58. "专利池"有什么作用?

"专利池"是专利的集合,是一种由专利权人组成的专利许可交易平台,平台上专利权人之间进行横向许可,有时也以统一许可条件向第三方开放进行横向和纵向许可,许可费率是由专利权人决定的。专利池的作用是消除授权障碍,加快专利许可,降低交易成本,促进技术应用。

59. 如何应对"专利蟑螂"?

"专利蟑螂"又称专利流氓或非执业实体,是指那些没有实体业务,本身并不制造专利产品或者提供专利服务,而是从其他公司、研究机构或个人发明者手上购买专利的所有权或使用权,然后专门通过专利诉讼赚取巨额利润的专业公司或团体。应对专利流氓需要企业重视自主知识产权的保护,通过自身努力加强专利申请、专利布局。如果一旦被"专利蟑螂"盯上,确保在利益最大化的原则下制定策略,综合采取积极应诉、主张不侵权或对方专利无效、启动反诉等常规手段及非常规手段来应对,以更加开放、自信的态度去面对专利竞争。

60. "专利导航"有什么作用?

"专利导航"试点工程是以专利信息资源利用和专利分析为基础,把专利运用嵌入产业技术创新、产品创新、组织创新和商业模式创新,引导和支撑产业科学发展的探索性工作。其主要目的是探索建立专利信息分析与产业运行决策深度融合、专利创造与产业创新能力高度匹配、专利布局对产业竞争地位保障有力、专利价值实现对产业运行效益支撑有效的工作机制,推动重点产业的专利协同运用,培育形成专利导航产业发展新模式。它是专利制度在产业运行中的综合应用,也是专利战略在产业发展中的具体实施,更是知识产权战略支撑创新驱动发展战略的具体体现。

实施专利导航试点工程,可以发挥专利信息资源对产业运行决策的引导力,突出产业发展科学规划新优势;可以发挥专利制度对产业创新资源的配置力,形成产业创新体系新优势;可以发挥专利保护对产业竞争市场的控制力,培育产业竞争力发展新优势;可以发挥专利集成运用对产业运行效益的支撑力,实现产业价值增长新优势;可以发挥专利资源在产业发展格局中的影响力,打造产业地位新优势。

61. "专利预警"有什么作用？

"专利预警"指企业在生产、经营全过程中进行专利情报收集与分析，对专利风险进行警示和主动防范的机制。企业可以通过搜集完备的专利信息资源、分析提取有利情报、吸纳有经验的专业技术人员和法律人员等方式，逐步建立专利预警机制。

建立专利预警机制可以使企业规避风险，在市场竞争中赢得主动，整合资源以利于发展规划，梳理技术研发突破口和专利布局，更好地应对跨国公司和发达国家企业在专利技术领域里的挑战，避免专利纠纷的发生，规避专利侵权行为，保护好自主专利权。

62. "专利布局"有什么作用？

"专利布局"是指企业综合产业、市场和法律等因素，对企业全部专利申请的数量、申请的领域、申请覆盖的区域和申请覆盖的年限等进行的总体布局，并对企业某一技术主题的专利申请进行系统筹划，以形成有效排列组合的精细布局行为。专利布局旨在形成对企业自身发展战略和商业模式的有力支撑。

专利布局有助于企业明确技术研发、技术引进的方向，提高企业研发效率，快速提升企业的专利分析综合实力，规避行业专利风险、有效提高企业核心竞争力。

63. "专利托管"的方式有哪些？

"专利托管"是指在专利权属不改变的情况下，由专业服务机构帮助权利人进行权益管理的一种形式，主要对专利的权益维护、预警分析和经营提供支持。主要包括：专利状态监控、专利信息利用、专利预警、产品专利布局、专利年费代缴、专利技术转让、专利挖掘、专利竞争对手分析、专利定制或订制服务、专利成果转化等服务。专利托管的方式主要有：

（1）完全式托管：企业将其全部专利事务整包给服务机构，服务机构充当企业专利工作机构的角色。这种方式适用于完全没有或者仅有少量专利工作人员的企业。由于专利工作思路由专业机构确定并实施，更有利于获得全面专业的服务和更快地取得工作成效。

（2）顾问式托管：企业将其咨询性专利事务委托给服务机构，服务机构充当企业顾问的角色。这种方式适用于有一定量专利工作人员的企业。由于专利工作思路的确定和实施往往受到两个主体的影响，要获得更多的专业服务和更快的成效，需要服务机构和企业相关人员经常性地充分沟通和更密切地配合。

（3）单项式托管：企业将单项或几项专利事务（比如专利经营）委托给服务机构，服务机构作为企业单项事务的全权代表。这种方式适用于有较多专利工作人员，并且企业专利工作水平达到较高程度的企业。由于专利工作思路由企业独立确定和实施，专业机构只是作为企业专利力量的补充，因此企业只是在单项或多项业务上获取专业服务，通过专业人员取得单项或多项业务的工作成效。

四、管理

64. 如何缴纳专利年费？

授予专利权当年的年费应当在办理登记手续的同时缴纳，以后的年费应当在上一年度期满前缴纳。缴费期限届满日是申请日在该年的相应日。其中，"专利年度"是指该专利自申请日起每满一年为一个专利年度。例如，一件专利申请的申请日为 1999 年 6 月 1 日，则自该日起至 2000 年 5 月 31 日为该案的第一年度，自 2000 年 6 月 1 日起至 2001 年 5 月 31 日为该案的第二年度……以此类推。"授予专利权当年"是指专利申请在第 N 年度授权，第 N 年即为授权当年，以办理登记手续通知书中所注明的为准。例如，一件专利申请的办理登记手续通知书中要求缴纳第三年度的年费，即表示该专利申请的"授权当年"为第三年度。

专利年费的缴付方式如下：

(1) 网上缴费

电子申请注册用户，可以通过登录中国专利电子申请网（http://cponline.cnipa.gov.cn/），使用网上缴费系统缴纳专利费用。其中，个人用户可使用银行卡支付方式，专利代理机构和企事业单位用户可以使用对公账户支付方式。缴费后可以选择在代办处自取收据。网上缴费的缴费日以网上缴费系统收到的银联在线支付平台反馈的实际支付时间所对应的日期来确定。

(2) 银行/邮局汇款转账

缴费人可以通过银行或邮局汇付专利费用。通过银行或邮局汇付专利费用时，应当在汇款单附言栏中写明正确的申请号（或专利号）及费用名称（或简称）。

缴费人汇款时，应当要求银行或邮局工作人员在汇款附言栏中录入上述缴费信息；通过邮局汇款的，还应当要求邮局工作人员录入完整通信地址，包括邮政编码。费用不得寄到专利局受理处或者专利局其他部门或者审查员个人。收到银行或邮局汇款凭证应认真核对申请号或专利号以及缴费人的通信地址、邮政编码，避免因银行或邮局工作人员录入错误造成的必要信息丢失。通过邮局汇款的，一个申请号（或专利号）应为一笔汇款。

缴费人通过银行或邮局汇付的，如果未在汇款时注明上述必要信息，可以在汇款当天（最迟不超过汇款次日）补充缴费信息。补充缴费信息的方式如下：登录专利缴费信息网上补充及管理系统（http://fee.cnipa.gov.cn）进行缴费信息的补充；通过传真（010-62084312/8065）或发送电子邮件（shoufeichu@sipo.gov.cn）的方式补充缴费信息。补充完整缴费信息的，以补充完整缴费信息日为缴费日。因逾期补充缴费信息或补充信息不符合规定，造成汇款被退回或入暂存的，视为未缴纳费用。

国家知识产权局专利局银行汇付：
开户银行：中信银行北京知春路支行
户名：国家知识产权局专利局
账号：7111710182600166032

国家知识产权局专利局邮局汇付：
收款人姓名：国家知识产权局专利局收费处
商户客户号：110000860（可代替地址邮编）
地址邮编：北京市海淀区蓟门桥西土城路6号（100088）
各代办处银行及邮局账户信息可登录 http://www.cnipa.gov.cn/zldbc 进行查询。

（3）专利局/代办处面交

缴费人可以直接向专利局或专利代办处收费窗口缴纳专利费用，以当天缴费的日期为缴费日。

对同一个专利申请号（或专利号）缴纳费用时，如果费用种类填写错误，缴费人可以在正确费用种类的缴纳期限内提出关于请求转换费用种类的意见陈述书并附具相应证明寄至受理处，经专利局确认后可以对费用种类进行转换。但不同申请号（或专利号）之间的费用不能转换。

因缴费人信息填写不完整或者不准确，造成费用不能退回或者退款无人接收的，费用暂时存入专利局账户（以下简称"暂存"）。费用入暂存的，视为未办理缴费手续。

65. 如何查询专利年费的缴纳情况？

缴费人可以通过以下方式查询专利年费的缴纳情况：

（1）电话查询

国家申请：缴费人可以通过电话进行5个（含）以下专利缴费信息的查询。查询电话：010-62356655。查询时应提供申请号或专利号。

PCT国际申请国际阶段查询电话：010-62088476；

PCT国际申请国家阶段查询电话：010-62088300。

（2）网络查询

缴费人还可以登录国家知识产权局政府网站政务服务平台，点击"专利检索查询"进入到公众查询中的中国及多国专利审查信息查询，或点击"专利事务服务"进入到"专利事务服务系统"查询应缴费用和已缴费用情况。

（3）现场查询

专利局受理大厅设有费用查询服务台，可为缴费人在缴费的当天现场查询应缴费用种类、金额和缴费期限。

66．未按时缴纳专利年费会产生什么后果？

缴纳年费是专利权人的义务。专利权人未按时缴纳或者缴纳的数额不足的，国家知识产权局会发出通知要求专利权人在6个月内进行补缴，同时缴纳最高金额为年费的25%的滞纳金。期满后仍未缴纳的，则自应缴纳年费期满之日起，专利权终止。

67．未按期缴纳年费导致专利权终止的，能否恢复专利权？

专利年费未按期缴纳，将导致专利权终止的法律后果。根据《专利法实施细则》第6条第2款和第3款的规定，权利人可以在收到专利权终止通知之日起2个月内请求恢复权利。当事人请求恢复权利的，应当提交恢复权利请求书，说明理由，必要时附具有关证明文件，并办理权利丧失前应当办理的相应手续，还应当缴纳恢复权利请求费。经过审查，专利权可能重新恢复。

68. 什么是职务发明？

根据《专利法》第 6 条规定，职务发明创造是指执行本单位的任务或者主要是利用本单位的物质条件所完成的发明创造。职务发明创造申请专利的权利属于该单位；申请被批准后，该单位为专利权人。

职务发明创造主要分为两类：（1）执行本单位任务所完成的发明创造，这种包括下列三种情况：①在本职工作中完成的发明创造；②履行本单位交付的与本职工作有关的任务时所完成的发明创造；③退职、退休或者调动工作后 1 年内做出的、与其在原单位承担的本职工作或者单位分配的任务有关的发明创造；（2）主要利用本单位的物质技术条件完成的发明创造，其中，物质技术条件包括资金、设备、零部件、原材料或者不向外公开的技术资料等。如果没有主要利用本单位的物质技术条件，而仅仅是少量利用本单位的物质技术条件，并且这种物质条件的利用对发明创造的完成无关紧要，则不能因此认定该发明创造是职务发明创造。

69. 单位应如何对职务发明人进行奖励和支付报酬？

根据《专利法》第 16 条规定，被授予专利权的单位应当对职务发明创造的发明人或者设计人给予奖励；发明创造专利实施后，根据其推广应用的范围和取得的经济效益，对发明人或者设计人给予合理的报酬。根据《专利法实施细则》第 76 条规定，被授予专利权的单位可以与发明人、设计人约定或者在其依法制定的规章制度中规定《专利法》第 16 条规定的奖励、报酬的方式和数额。企业、事业单位给予发明人或者设计人的奖励、报酬，按照国家有关财务、会计制度的规定进行处理。

对于奖励，根据《专利法实施细则》第 77 条规定，被授予专利权的单位未与发明人、设计人约定，也未在其依法制定的规章制度中规定《专利法》第 16 条规定的奖励的方式和数额的，应当自专利权公告之日起 3 个月内发给发明人或者设计人奖金。一项发明专利的奖金最低不少于 3000 元；一项实用新型专利或者外观设计专利的奖金最低不少于 1000 元。由于发明人或者设计人的建议被其所属单位采纳而完成的发明创造，被授予专利权的单位应当从优发给奖金。

对于报酬，根据《专利法实施细则》第 78 条规定，被授予专利权的单位未与发明人、设计人约定，也未在其依法制定的规章制度中规定《专利法》第 16 条规定的报酬的方式和数额的，在专利权有效期限内，实施发明创造专利后，每年应当从实施该项发明或者实用新型专利的营业利润中提取不低于 2% 或者从实施该项外观设计专利的营业利润中提取不低于 0.2%，作为报酬给予发明人或者设计人，或者参照上述比例，给予发明人或者设计人一次性报酬；被授予专利权的单位许可其他单位或者个人实施其专利的，应当从收取的使用费中提取不低于 10%，作为报酬给予发明人或者设计人。

70. 对单位给予的奖励不满意，如何处理？

职务发明创造的发明人或者设计人对单位给予的奖励不满意引起纠纷的，如有约定，则按照约定的方式和金额处理；如无约定，双方也可以自行协商解决，或者通过第三方进行调解。协商、调解不成的，还可以通过行政或司法途径处理。

71. 合作或委托发明创造专利申请权如何归属？

根据《专利法》第 8 条规定，两个以上单位或者个人合作完成的发明创造、一个单位或者个人接受其他单位或者个人委托所完成的发明创造，除另有协议的以外，申请专利的权利属于完成或者共同完成的单位或者个人；申请被批准后，申请的单位或者个人为专利权人。

72. 宣传专利产品，有哪些注意事项？

为了对专利产品进行宣传，首先，根据《专利法》第17条规定，专利权人有权在其专利产品或者该产品的包装上标明专利标记和专利号。需要注意的是，在专利申请提出以后、授权以前，由于尚未获得专利权，申请人不得将该申请号作为专利号标注在其产品或包装上。

同时，《广告法》中也有对以专利进行推广的限制，其第12条规定，广告中涉及专利产品或者专利方法的，应当标明专利号和专利种类。未取得专利权的，不得在广告中谎称取得专利权。禁止使用未授予专利权的专利申请和已经终止、撤销、无效的专利作广告。

73. 对共同发明人署名顺序不服的，如何进行处理？

同一专利的多个发明人或者设计人之间对署名排列顺序发生争议的，可以在专利申请之前自行协商确定，以减少不必要的纠纷和程序。如果发明创造属于职务发明创造，可由单位根据每个发明人或者设计人对完成发明创造所作贡献的大小排列先后顺序。如果是非职务发明创造，发明人或者设计人之间针对署名顺序可通过协商解决。在专利法意义上，发明人或者设计人的署名顺序对专利权的行使没有影响。

74. 他人将自己的技术或商业秘密申请为专利，如何处理？

已经申请但尚未授权的专利，技术或者商业秘密的拥有者可以通过在国家知识产权局网站下载并填写《意见陈述书》的方式，向该项专利的审查员提出第三方意见。已经授权的专利，技术或者商业秘密的拥有者可以向专利局专利复审和无效审理部针对该项专利权提出宣告专利权无效请求。商业秘密是指不为公众所知悉、能为拥有者带来经济利益、具有实用性并经拥有者采取保密措施的技术信息和经营信息。如果技术已经通过专利申请的方式公开，则无法再作为商业秘密进行保护。

75. 专利申请权或专利权的归属存在争议，如何处理？

专利申请权或专利权的归属存在争议的，首先应由双方当事人进行协商；不愿协商或者协商不成的，可以请求管理专利工作的部门进行调解，也可以请求第三方调解组织进行调解；调解不成的，可以向人民法院提起确权之诉。

76. 如何提起宣告专利无效或部分无效的请求？

根据《专利法》第45条规定：自国务院专利行政部门公告授予专利权之日起，任何单位或者个人认为该专利权的授予不符合本法有关规定的，可以请求专利局复审和无效审理部宣告该专利权无效。

专利权获得授权后，并不能一劳永逸，为确保权利授予的公正性，任何单位和个人（除专利权人）对他人专利授权均可以向专利局复审和无效审理部提出宣告无效请求。请求宣告专利权全部无效或者部分无效的，应当向专利局复审和无效审理部提交专利权无效宣告请求书和必要的证据一式两份。无效宣告请求书应当结合提交的所有证据，具体说明无效宣告请求的理由，并指明每项理由所依据的证据。

值得注意的是：无效程序启动的主体包括任何单位和个人，但是根据《专利审查指南2010（修订版）》的规定，针对专利权人针对其专利权提出无效宣告请求且请求宣告专利权全部无效、所提交的证据不是公开出版物或者请求人不是共有专利权的所有专利权人的，无效宣告请求不予受理。

77. 在无效宣告请求的审查过程中，专利权人是否可以修改权利要求书？

专利权人可以在无效宣告请求的审查过程中修改权利要求书，修改权利要求书的具体方式一般限于权利要求的删除、合并和技术方案的删除。其中，权利要求的删除是指从权利要求书中去掉某项或者某些项权利要求，例如独立权利要求或者从属权利要求；权利要求的合并是指两项或者两项以上相互无从属关系但在授权公告文本中从属于同一独立权利要求的权利要求的合并；技术方案的删除是指从同一权利要求中并列的两种以上技术方案中删除一种或者一种以上技术方案。

在专利局复审和无效审理部作出审查决定之前，专利权人可以删除权利要求或者权利要求中包括的技术方案。仅在下列三种情形的答复期限内，专利权人可以以合并的方式修改权利要求书：

（1）针对无效宣告请求书；

（2）针对请求人增加的无效宣告理由或者补充的证据；

（3）针对专利局复审和无效审理部引入的请求人为提及的无效宣告理由或者证据。

78. 提起宣告专利权无效的时间是什么？

根据《专利法》第45条的规定：自国务院专利行政部门公告授予专利权之日起，任何单位或者个人认为该专利权的授予不符合本法有关规定的，可以请求专利局复审和无效审理部宣告该专利权无效。

由于无效宣告请求审查决定能够对围绕专利权在终止前的存续期间的民事法律关系产生影响，因此，允许任何单位或者个人在专利权终止后提出无效宣告请求。因此，提起宣告专利无效的时间为自国务院专利行政部门公告授予专利权之日起的任何时候,持续到该专利权终止后。

79. 专利无效的流程是什么?

专利局复审和无效审理部受理专利无效请求,经形式审查合格受理无效宣告请求从而启动无效程序后,成立合议组对无效宣告请求案件进行合议审查。绝大部分案件由3人(组长、主审员、参审员)组成的合议组进行审查。只有极少数案情重大的案件才由5人合议组(1名组长、1名主审员,3名参审员)进行审查。合议组经审查作出无效宣告请求审查决定。

无效宣告请求审查决定有三类:宣告专利权全部无效、宣告专利权部分无效、维持专利权有效。

80. 专利被宣告无效或部分无效的法律后果是什么?

根据《专利法》第47条的规定,专利权被宣告无效的法律后果是被宣告无效的专利权视为自始即不存在,部分被宣告无效的,则不影响其他部分的效力。宣告专利权无效的决定,对在宣告专利权无效前人民法院作出并已执行的专利侵权的判决、调解书,已经履行或者强制执行的专利侵权纠纷处理决定,以及已经履行的专利实施许可合同和专利权转让合同,不具有追溯力。但是因专利权人的恶意给他人造成的损失,应当给予赔偿。

81. 专利被宣告无效的救济?

根据《专利法》第46条第2款的规定,对专利局复审和无效审理部宣告专利权无效或者维持专利权的决定不服的,可以自收到通知之日起3个月内以专利局复审和无效审理部为被告向人民法院起诉。人民法院应当通知无效宣告请求程序的对方当事人作为第三人参加诉讼。

根据《最高人民法院关于北京、上海、广州知识产权法院案件管辖的规定》第 5 条，不服国务院部门作出的有关专利、商标、植物新品种、集成电路布图设计等知识产权的授权确权裁定或者决定的第一审行政案件属于北京知识产权法院管辖。因此，专利权被申请宣告无效的应向北京知识产权法院提起行政诉讼。

82. 什么是专利权评价报告？什么人有权要求作出专利权评价报告？执法机关和法院为什么要求出具专利权评价报告？

专利权评价报告是国家知识产权局根据专利权人或者利害关系人的请求，对已授予的实用新型或者外观设计专利权进行检索，并就该专利是否符合《专利法》及其实施细则规定的授权条件进行全面的分析和评价而作出的文件。

根据《专利法实施细则》第 56 条的规定，授予实用新型或者外观设计专利权的决定公告后，《专利法》第 60 条规定的专利权人或者利害关系人可以请求国务院专利行政部门作出专利权评价报告。对于请求人的资格，可以是专利权人、共同专利权人中的部分人以及利害关系人。

专利权评价报告是专门针对已经授权的实用新型和外观设计专利权的，而发明专利权由于经过实质审查，权利的稳定性较高，所以不需要专利权评价报告。《专利法》第 61 条规定，专利侵权纠纷涉及实用新型专利或者外观设计专利的，人民法院或者管理专利工作的部门可以要求专利权人或者利害关系人出具由国务院专利行政部门对相关实用新型或者外观设计进行检索、分析和评价后作出的专利权评价报告，作为审理、处理专利侵权纠纷的证据。

83. 什么是知识产权贯标？

知识产权贯标，是指企业、科研组织、高等学校等贯彻知识产权领域国家标准的行为。

针对企业的《企业知识产权管理规范》国家标准，是由国家知识产权局和中国标准化研究院共同起草编制，经由国家质量监督检验检疫总局和国家标准化管理委员会联合批准颁布的国内首个企业知识产权管理国家标准。该标准于2013年3月1日起正式实施，标准号是GB/T 29490—2013。

针对科研组织的《科研组织知识产权管理规范》国家标准，由国家知识产权局、中国科学院、中国标准化研究院共同起草编制，经原国家质量监督检验检疫总局、中国标准化管理委员会批准。该标准于2017年1月1日起正式实施，标准号是GB/T 33250—2016。

针对高等学校的《高等学校知识产权管理规范》国家标准，由国家知识产权局、教育部、中国标准化研究院共同起草编制，经原国家质量监督检验检疫总局、中国标准化管理委员会批准。该标准于2017年1月1日起正式实施，标准号是GB/T 33251—2016。

其中，以企业贯彻《企业知识产权管理规范》国家标准为例，给企业带来的好处有：

（1）通过知识产权提升企业市值，提高股东满意度；

（2）降低企业因知识产权侵权和被侵权带来的经济损失；

（3）在业务过程中运用知识产权提升产品价值，提高客户满意度；

（4）促进企业技术创新，提升技术创新对企业发展的贡献；

（5）提升企业核心竞争力。

84. 如何申报北京市专利示范单位？能享受哪些优惠政策？

申报北京市专利示范单位的应是北京市行政区划内已被认定为

北京市专利试点单位的企事业单位。各申报单位在北京市知识产权局网站下载并据实填写《北京市专利示范单位申报书》，将相关申报材料于指定截止日期前送交至所在地的区知识产权局。各区知识产权局负责汇总整理本辖区申报单位的申报材料，进行初审，出具推荐意见，并于指定日期前送交北京市知识产权局产业促进处。北京市知识产权局审核申报材料，确定入围专家评审的单位；组织召开专家评审会，确定专利示范单位名单；公示专利示范单位名单。

申报材料包括：北京市示范单位申报书，北京市专利试点单位证书（复印件），营业执照（复印件）或组织结构代码证（复印件）。

专利示范单位享受的优惠政策有：
（1）国家专利申请费用减缓；
（2）北京市专利申请奖励；
（3）北京市发明专利奖；
（4）北京市专利实施资助；
（5）中关村园区知识产权专项资金资助；
（6）中关村园区"专利引擎"试点企业资助；
（7）中关村园区中小企业中介服务专项资金资助；
（8）中关村科技园区专利促进资金；
（9）北京市工业品牌奖励；
（10）北京市农产品品牌奖励。

85. 如何申报北京市专利试点企业？能享受哪些优惠政策？

申报北京市专利试点企业的应当是在北京市注册的企事业单位，单位领导重视专利工作，以前未参加专利试点或验收未通过的企业等。

各申报单位应填写《北京市专利试点单位申请书》一式二份盖章，并于规定日期前递交所在区知识产权局，并发送《北京市专利试点单位申请书》和《××年专利试点单位申报汇总表》电子版至各区知识产权局邮箱。各区知识产权局在指定日期前将试点单位申报材料及试点单位汇总表报送北京市知识产权局产业促进处，电子版发至指定邮箱。北京市知识产权局将根据各区申报的实际情况，发布参加当年北京市专利试点培养单位的名单。

专利试点企业享受的优惠政策有：（1）全额资助试点期间实际支付的国内专利申请费、发明专利实审费，按《北京市专利申请费奖励资助办法》办理资助手续；（2）对经北京市知识产权局、中关村知识产权促进局协助建立的企业专业专利数据库项目给予资助；（3）对试点企业的优秀专利产业化项目，优先给予专利实施资金的资助；（4）企业申请国外专利的，同等条件下优先给予资助（详见《中关村科技园区企业申请国外专利资助办法》）；（5）为试点企业申请专利权质押贷款提供咨询服务并向担保公司、银行出具推荐意见；（6）提供签订专利实施许可合同的咨询、服务，经登记的专利实施许可合同可享受北京市税收优惠政策；（7）选择优秀试点企业向国家知识产权局推荐国家级"专利试点企业"。

86. 中国专利奖如何申报？可获何种奖励？

中国专利奖采用项目推荐方式，由国务院各有关部门和单位知识产权工作管理机构、各省（区、市）知识产权局（知识产权管理机构）（以下简称"省局"）、各有关全国性行业协会向国家知识产权局推荐。各有关全国性行业协会仅限推荐本行业或本领域相关项目。

中国科学院院士或中国工程院院士（以下简称"院士"）、计划单列市、副省级城市、知识产权示范城市和示范园区推荐的项目以及示范企业自荐的项目，须经申报单位所在地省局对参评条件及材料真实性进行审核、公示后，由省局统一推荐，不占省局推荐名额。

评选方式如下:

(1) 评审办公室负责对推荐项目进行初审,并组织开展有关初评工作。

(2) 评审办公室根据初评情况,提出预获奖项目名单,报评审委员会。

(3) 评审委员会对预获奖项目名单进行审定,确定获奖项目及其奖励等级。

(4) 评审办公室在国家知识产权局政府网站公示评选结果。

奖励设置:中国专利奖设中国专利金奖、中国专利银奖、中国专利优秀奖,中国外观设计金奖、中国外观设计银奖、中国外观设计优秀奖。

中国专利金奖、中国专利银奖、中国专利优秀奖从发明专利和实用新型专利中评选产生,其中,中国专利金奖项目不超过30项,中国专利银奖项目不超过60项。中国外观设计金奖、中国外观设计银奖、中国外观设计优秀奖从外观设计专利中评选产生,其中,中国外观设计金奖项目不超过10项,中国外观设计银奖项目不超过15项。

87. 北京市发明专利奖如何申报?可获何种奖励?

"北京市发明专利奖"(以下简称"市发明专利奖")是北京市政府为评选表彰在北京市行政区域内具有重大经济社会效益的发明专利而设立的专项奖励项目。市发明专利奖每2年评选一次。市发明专利奖重点奖励符合下列条件之一的发明专利:(1) 属于本市国民经济和社会发展规划纲要确定的重点行业或重点领域,并取得显著经济效益或社会效益的;(2) 对解决产业结构调整、经济增长方式转变、节能降耗减排,以及城市运行、管理和安全,交通拥堵等本市面临的现实疑难问题起到重要作用的;(3) 对形成国家标准或国际标准发挥主要作用的。

申报市发明专利奖应符合以下条件：（1）申报人应是在本市注册或具有本市户籍、工作居住证的专利权人，或者对本市公共利益和社会民生有突出贡献的其他专利权人；（2）发明专利已经国家知识产权局授权；（3）发明专利法律状态稳定、权属明确。

专利权人按照下列程序之一申报市发明专利奖：（1）向市级行政主管部门、区县管理专利工作的部门或相关行业协会（以下简称"推荐单位"）申报；（2）申报奖励的发明专利由专家联名推荐的，专利权人直接向评选办公室申报。

市发明专利奖设一、二、三等奖，其中：一等奖5项，每项奖励人民币20万元；二等奖15项，每项奖励人民币10万元；三等奖30项，每项奖励人民币5万元。对本市国民经济和社会发展有重大贡献的发明专利授予特别奖，授奖数1项，奖励人民币100万元。

五、保护

88. 怎样确定专利权的保护范围？

《专利法》第59条规定，发明或者实用新型专利权的保护范围以其权利要求的内容为准，说明书及附图可以用于解释权利要求。外观设计专利权的保护范围以表示在图片或者照片中的该外观设计专利产品为准。

《最高人民法院关于审理专利纠纷案件适用法律问题的若干规定（2014年修正）》第17条规定，《专利法》第59条第1款所称的"发明或者实用新型专利权的保护范围以其权利要求的内容为准，说明书及附图可以用于解释权利要求的内容"，是指专利权的保护范围应当以权利要求记载的全部技术特征所确定的范围为准，也包括与该技术特征相等同的特征所确定的范围。等同特征，是指与所记载的技术特征以基本相同的手段，实现基本相同的功能，达到基本相同的效果,并且本领域普通技术人员在被诉侵权行为发生时无需经过创造性劳动就能够联想到的特征。

89. 专利权的保护期限有多久?

《专利法》第42条规定,发明专利权的保护期限为20年,实用新型专利权和外观设计专利权的期限为10年。专利权的保护期限自申请日起计算。

90. 哪些行为构成侵犯专利权?

专利侵权行为主要包括以下几种:

(1) 为生产经营目的,制造发明、实用新型、外观设计专利产品的行为;

(2) 为生产经营目的,使用发明、实用新型专利产品的行为;

(3) 为生产经营目的,许诺销售发明、实用新型专利产品的行为;

(4) 为生产经营目的,销售发明、实用新型或外观设计专利产品的行为;

(5) 为生产经营目的,进口发明、实用新型、外观设计专利产品的行为;

(6) 为生产经营目的,使用发明专利方法以及使用、许诺销售、销售、进口依照该发明专利方法直接获得的产品的行为;

(7) 将侵犯他人专利权的产品用于出租的,应当认定属于对专利产品的销售。

91. 专利侵权判定的基本原则是什么?

全面覆盖原则是判断一项技术方案是否侵犯发明或者实用新型专利权的基本原则。具体含义是指,在判定被诉侵权技术方案是否落入专利权的保护范围时，应当审查权利人主张的权利要求所记载的全部技术特征，并以权利要求中记载的全部技术特征与被诉侵权技术方案所对应的全部技术特征逐一进行比较。被诉侵权技术方案包含与权利要求记载的全部技术特征相同或者等同的技术特征的，应当认定其落入专利权的保护范围。

92. 什么是独立权利要求和从属权利要求？

权利要求按照撰写方式的不同，可以分为独立权利要求和从属权利要求。

权利要求书应当有独立权利要求，也可以有从属权利要求。一项发明或者实用新型应当只有一个独立权利要求。

独立权利要求应当从整体上反映发明或者实用新型的技术方案，记载解决技术问题所需的必要技术特征。

从属权利要求是对引用的权利要求进一步限定。一项发明或者实用新型可以有多个从属权利要求，其既可以是对被引用权利要求的限定，也可以是另外增加的技术特征。

93. 如何确定必要技术特征？

《专利法实施细则》第20条明确规定，独立权利要求应当从整体上反映发明或者实用新型的技术方案，记载解决技术问题的必要技术特征。必要技术特征是指，发明或者实用新型为解决其技术问题所不可缺少的技术特征，其总和足以构成发明或者实用新型的技术方案，使之区别于背景技术中所述的其他技术方案。凡是专利权人写入独立权利要求的技术特征，都是必要技术特征，都不应当被忽略，而均应纳入技术特征对比之列。

94. 什么是专利权滥用？主要有哪些形式？

专利权滥用是指，行为人将明知不应当获得专利保护的发明创造申请专利并获得了专利权,并以此对他人进行诉讼的。目前法律规制的"专利权滥用"行为仅有一种,即恶意诉讼。

95. 哪些行为属于假冒专利?应承担何种法律责任?

假冒他人专利的行为有可能构成侵犯专利权行为,但不必一定也是侵犯专利权的行为。下列行为属于假冒专利:

(1) 未经许可,在其制造或者销售的产品、产品的包装上标注他人的专利号;

(2) 未经许可,在广告或者其他宣传材料中使用他人的专利号,使人将所涉及的技术误认为是他人的专利技术;

(3) 未经许可,在合同中使用他人的专利号,使人将合同涉及的技术误认为是他人的专利技术;

(4) 伪造或者变造他人的专利证书、专利文件或者专利申请文件。

《专利法》第63条规定,假冒专利行为应承担以下法律责任:

(1) 民事责任:假冒他人专利,同时又构成侵犯他人专利权的,应承担侵权的损害赔偿责任。

(2) 行政责任:责令改正并公告;没收违法所得;处以违法所得的4倍以下的罚款,无违法所得的,处20万元以下罚款。

(3) 刑事责任:构成犯罪的,依法追究刑事责任。

96. 如何判断外观设计专利侵权?

在外观设计专利侵权判定中,首先应审查被控侵权产品与专利产品是否属于相同或相近种类产品。不属于相同或相近种类产品的,一般不构成侵犯外观设计专利权。其次,在被控产品与外观设计专利产品为同一类别的前提下,则要对外观设计是否相同或相近似进行判断。主要依据形状、图案、色彩的设计进行整体观察、综合判断。

97. 怎样认定组件产品外观设计的侵权？

在进行侵权判断时，应当多从组件产品整体上进行认定，而不应仅注意它的各个组件，即被控侵权人仅模仿了组件产品外观设计中的部分组件，并不构成侵犯外观设计专利权，因为组件不能单独获得专利保护。只有当被控侵权人制造、销售、进口的外观设计产品与获得专利保护的组合产品的外观设计专利产品全部相同或者相近似，才构成侵犯外观设计专利权。

参见《最高人民法院关于审理侵犯专利权纠纷案件应用法律若干问题的解释（二）》第16条："对于组装关系唯一的组件产品的外观设计专利，被诉侵权设计与其组合状态下的外观设计相同或者近似的，人民法院应当认定被诉侵权设计落入专利权的保护范围。对于各构件之间无组装关系或者组装关系不唯一的组件产品的外观设计专利，被诉侵权设计与其全部单个构件的外观设计均相同或者近似的，人民法院应当认定被诉侵权设计落入专利权的保护范围；被诉侵权设计缺少其单个构件的外观设计或者与之不相同也不近似的，人民法院应当认定被诉侵权设计未落入专利权的保护范围。"

98. 如何认定方法专利侵权？

认定方法专利侵权与认定发明专利侵权的判定方案基本相同，应当从实施方法全部过程来看，对方实施的技术特征是否落入权利要求书的专利保护范围之中，即权利要求记载的专利方法技术方案的每一个步骤均被实现，但使用该方法的结果不影响对是否构成侵犯专利权的认定。专利侵权纠纷涉及新产品制造方法的发明专利的，制造同样产品的单位或者个人应当提供其产品制造方法不同于专利方法的证明。

99. 自己的产品有专利，他人的产品也有专利，发生纠纷时如何处理？

自己的产品有专利，他人的产品也有专利，双方发生纠纷时，可以协商解决，互相进行交叉许可。协商不成的，可以根据权利申请日期，确定在先专利权。拥有在先专利权的权利人可以向专利局复审和无效审理部请求宣告对方的专利无效。

100. 如何应对专利侵权？

首先应考虑自己的行为是否属于《专利法》中规定的不构成专利侵权的行为。其次如确认构成侵权，可进一步对该专利的法律状态和专利性进行认真的专利检索，并对结果进行分析：（1）如确认自己的产品或方法已落入该专利的保护范围，则可以考虑自己的实施行为是否属于《专利法》中不构成专利侵权的行为。（2）如果对专利查询结果分析后，认为有可能宣告该专利无效，则应抓紧时间，在法院一审答辩期内，向专利局复审和无效审理部提出宣告该专利无效请求。同时，将宣告专利无效宣告请求书复印件提交给法院，请求法院裁定中止诉讼程序。对实用新型专利和外观设计专利，法院一般应中止诉讼审理。而对发明专利，法院可以中止，也可以不中止。因此，被告应积极向法院提供证明该专利缺乏专利性的材料，以促使法院中止诉讼。如果法院未中止审理，而作出侵权判决，被告应及时上诉，同时请求专利局复审和无效审理部加快程序，争取在法院二审判决作出之前，作出宣告专利无效宣告决定。（3）如果该专利权无法宣告无效，而又确实侵犯了该专利权的，被告应停止侵权并争取与专利权人达成和解协议。

101. 哪些特殊情形不属于侵犯专利权？

根据《专利法》第69条的规定，有下列情形之一的，不视为侵犯专利权：

（1）专利权人制造、进口或者经专利权人许可而制造、进口的专利产品或者依照专利方法直接获得的产品售出后，使用、许诺销售或者销售该产品的；

（2）在专利申请日前已经制造相同产品、使用相同方法或者已经做好制造、使用的必要准备，并且仅在原有范围内继续制造、使用的；

（3）临时通过中国领陆、领水、领空的外国运输工具，依照其所属国同中国签订的协议或者共同参加的国际条约，或者依照互惠原则，为运输工具自身需要而在其装置和设备中使用有关专利的；

（4）专为科学研究和实验而使用有关专利的。

102. 不知道是侵权产品而销售的，是否需要赔偿？

根据《专利法》第70条的规定，为生产经营目的使用、许诺销售或者销售不知道是未经专利权人许可而制造并售出的专利侵权产品，能证明该产品合法来源的，不承担赔偿责任，但应当停止销售这一侵权行为。

103. 侵犯他人专利权，应承担哪些法律后果？

根据《民法通则》以及《专利法》的规定，侵犯专利权的行为在我国应当承担以下民事责任：

（1）停止专利侵权。停止侵权是所有在被诉时尚在继续的民事侵权行为首先应当承担的责任，专利侵权行为也不例外。只要存在侵权行为，无论行为人是否具有过错，无论是否造成损失，都应当承担停止侵权的责任。

（2）赔偿损失。对于造成损失的专利侵权行为，行为人除了承担停止侵害的侵权责任外，一般还应当承担赔偿损失的责任。在某些情形下，可以免除赔偿责任（详见"赔偿责任的免除"）。

(3) 消除影响。由于侵权行为使专利权人的商誉受到损害的，侵权者应当承担消除影响的责任，通过媒体发表声明或者登载侵权判决或者决定，以消除侵权行为对专利权人带来的不利影响。

104. 专利侵权的赔偿数额如何计算？

赔偿的计算方式依据《专利法》第65条规定：（1）侵犯专利权的赔偿数额，按照权利人因被侵权所受到的损失确定；（2）被侵权人的损失无法确定的，按照侵权人获得的利益予以确定，可以参照该专利许可使用费的倍数合理确定；（3）根据上述方法均无法确定赔偿数额的，人民法院可以根据专利权的类型、侵权行为的性质和情节等因素，确定给予1万元以上100万元以下的赔偿。

105. 在侵权诉讼过程中产生的损失怎么办？

原告在起诉时要求被告进行赔偿，一般仅指在起诉之前，如果有具体诉讼请求数额，也是计算到诉讼之前。在实践中，一旦发生侵权诉讼，被告方或者自动停止生产，或者改变产品的结构、形状、即已与专利产品不同。不过也有少数情况中，被告认为自己不侵权，且一直不主动停止被控侵权行为，这种情况下，原告可以在诉讼程序开始后追加造成损失的赔偿额。

106. 外观设计侵权损失赔偿额怎样计算？

外观设计侵权损失赔偿额的计算涉及两种情况：（1）产品外观设计与产品本身融为一体不可分时，在这类产品外观设计发生侵权时，计算侵权损失赔偿额是较为容易的，可以直接将被告的销售利润作为侵权赔偿额。（2）产品的包装瓶、盒、袋、箱外观设计被侵权，在计算损失赔偿额时，应当按照外观设计产品本身的价格、利润计算损失赔偿额，不能拿全部商品如白酒、饮料、摄影器材包所获得的利润作为专利权人的侵权损失向其赔偿，而应当作出具体的划分，否则赔偿额的计算范围就扩大了。

107. 在司法程序中，被告提出无效申请，将引起哪些后果？

根据《最高人民法院关于审理专利纠纷案件适用法律问题的若干规定》，当一方提出专利无效申请后，且专利侵权诉讼的结果必须以专利无效宣告的结果为依据时，法院应当中止专利侵权诉讼，因为不中止侵权诉讼的话，则可能会造成侵权诉讼的结果与无效宣告的结果相冲突。《最高人民法院关于审理侵犯专利权纠纷案件应用法律若干问题的解释（二）》第2条规定："权利人在专利侵权诉讼中主张的权利要求被专利复审委员会宣告无效的，审理侵犯专利权纠纷的人民法院可以裁定驳回权利人基于该无效权利要求的起诉。有证据证明上述权利要求无效的决定被生效的行政判决撤销的，权利人可以另行起诉。"

108. 专利权无效后，对已经执行的法律文书是否具有溯及力？

根据《专利法》第47条的规定，专利权无效对于已经执行的法律文书不具有追溯力。这是因为人民法院或者管理专利工作的部门在专利侵权纠纷处理时，所依据的专利权是有效的，判决、裁定和决定的处理也是正确的，进行追溯可能会破坏市场秩序的稳定性。但是如果专利权人具有恶意给他人造成的损失或明显违反公平原则，则专利权人应当给予赔偿，或者返还专利许可费或专利转让费。

109. 专利纠纷的解决途径有哪些？

专利纠纷的解决途径如下：

（1）双方协商解决。

（2）由调解组织进行调解。

（3）向行政执法部门进行举报投诉，北京地区主要投诉方式有：①拨打 010-12330 热线进行；②登录中国（北京）保护知识产权网（www.bj12330.com）在线填写举报投诉单；③向北京市保护知识产权举报投诉服务中心的公共邮箱 jbts@12330.com 进行邮件投诉。

（4）向北京知识产权法院寻求司法保护。

此外，电商平台侵犯专利权的，有网上知识产权保护平台的（如淘宝网 http://qinquan.taobao.com/report/login.htm），权利人可以直接在平台上进行举报投诉。

110. 专利纠纷的行政解决流程是什么？

通过管理专利工作的部门处理专利纠纷。立案后，专利行政执法部门应在 3 个月内办结案件。案件特别复杂，经审批可延长期限的，延长的期限最多不超过 1 个月。案件处理过程中的公告、鉴定、中止等时间不计入案件办理期限。

111. 请求管理专利工作的部门处理专利纠纷时，应提交哪些材料？

请求管理专利工作的部门处理专利侵权纠纷的，应当提交请求书及下列证明材料：

（1）主体资格证明，即个人应当提交居民身份证或者其他有效身份证件，单位应当提交有效的营业执照或者其他主体资格证明文件副本及法定代表人或者主要负责人的身份证明。

（2）专利权有效的证明，即专利登记簿副本，或者专利证书和当年缴纳专利年费的收据。

专利侵权纠纷涉及实用新型或者外观设计专利的，管理专利工作的部门可以要求请求人出具由国家知识产权局作出的专利权评价报告。

请求人应当按照被请求人的数量提供请求书副本及有关证据。

112. 请求管理专利工作的部门处理专利侵权纠纷应当注意哪些问题？

根据《专利法》第60条的规定，对于专利侵权纠纷，专利权人或者利害关系人可以请求地方人民政府管理专利工作的部门处理。请求处理专利侵权纠纷，应当注意以下问题：

（1）管理专利工作的部门对专利侵权纠纷的处理实行请求原则。

（2）管理专利工作的部门认定侵权成立的，可以责令侵权人立即停止侵权行为。

（3）当事人对责令立即停止侵权行为的行政处理不服的，可以自收到处理通知之日起15日（而不是《行政诉讼法》规定的3个月）内向人民法院起诉。侵权人期满不起诉又不停止侵权行为的，管理专利工作的部门可以申请人民法院强制执行。

（4）在行政侵权纠纷处理的过程中，应当事人的请求，管理专利工作的部门可就专利侵权的赔偿数额进行调解，调解不成的，当事人可以依法提起民事诉讼。当事人对专利行政机关的决定不服而起诉或者就赔偿额问题起诉的，人民法院仍应当就当事人的诉讼请求进行全面审查。

113. 哪些专利纠纷可以行政调解？

应当事人请求，管理专利工作的部门可以对下列专利纠纷进行调解：

（1）专利侵权纠纷，即未经专利权人许可，实施其专利，引起的纠纷。

（2）专利申请权和专利权属纠纷。

(3) 发明人、设计人资格纠纷。

(4) 职务发明的发明人、设计人的奖励和报酬的纠纷。

(5) 在发明专利申请公布后、专利权授予前使用发明而未支付适当费用的纠纷。

商标权篇

一、概述

1. 我国的商标基本制度是什么？

我国商标专用权采用注册取得制度。根据我国《商标法》第3条规定，商标经商标局核准注册后，商标注册人对该商标享有专用权。商标专用权人即使没有实际使用在先的注册商标，也有权禁止任何人在相同或类似产品上使用与其相同或近似的未注册商标。申请注册的商标应具备显著性，并不得违反禁用条款。商标申请遵循申请在先、自愿注册的原则。申请商标注册不得损害他人现有的在先权利，也不得以不正当手段抢注他人已经使用并有一定影响的未注册商标，不以使用为目的的恶意商标注册将被予以驳回。我国《商标法》制度鼓励商标在实际使用中效益最大化，商标注册后无正当理由连续3年未实际使用的，任何人都可以向国家知识产权局申请撤销该商标。

2. 哪些人可以申请注册商标？

根据《商标法》第4条的规定，任何从事生产经营活动的自然人、法人或者其他组织都可以申请注册商标。自然人以个人的名义申请注册商标，需提供个体工商户营业执照、农村承包经营合同或其他任何以个人名义从事生产经营的登记文件。

3. 哪些人被限制申请注册商标？

国家机关不能从事生产经营活动，不得注册商标。依据《商标法》第19条的规定，商标代理机构除对其代理服务申请商标注册外，不得申请注册其他商标。

4. 哪些元素可以注册为商标？

根据《商标法》第8条的规定，文字、图形、字母、数字、三维标志、颜色组合和声音等，以及上述要素的组合，都可以申请注册为商标。

5. 什么是注册商标？

注册商标是一个法律名词，是指经商标局核准注册的商标。商标注册人取得商标专用权，即享有使用该品牌名称和品牌标志的专用权，这个品牌名称和品牌标志受到法律保护，其他企业未经许可不得使用与之相同或近似的商标。商标权人可以标注"注册商标"字样或图形®来表示某个商标经过注册并受法律保护。

6. 商标是不是必须要注册？

并非如此。除法律、行政法规规定必须注册商标的商品外，商标注册遵循自愿原则，未注册的商标也是商标。但注册商标享受商标专用权的保护。

7. 哪些商品和服务必须强制注册商标？

现行《烟草专卖法》第20条规定："卷烟、雪茄烟和有包装的烟丝必须申请商标注册,未经核准注册的,不得生产、销售。"目前仅有上述商品必须注册商标。

8. 注册商标与未注册商标比,有什么好处?

注册商标可以享受法定的商标专用权的保护。

《商标法》第3条规定,经商标局核准注册的商标为注册商标,商标注册人享有商标专用权,受法律保护。未经商标注册人的许可,在相同或类似的商品上,任何人不得使用与其相同或者近似的商标,否则承担侵权责任。

相较而言,未注册商标随时可能因他人相同或近似商标的核准注册而被禁止使用。因此,要想有保障地使用普通商标,最好将其注册。

9. 商标注册的主管机关是谁?

2019年2月18日,国家知识产权局对外发布了《关于变更业务用章及相关表格书式的公告(第295号)》,此后,商标审查工作以国家知识产权局的名义开展,原国家工商行政管理总局商标局、商标评审委员会、商标审查协作中心机构名称不再使用。办理商标业务应向国家知识产权局提出申请。

10. 商标包括哪些种类?

经商标局核准注册的商标为注册商标,包括商品商标、服务商标以及集体商标、证明商标。集体商标,是指以团体、协会或者其他组织名义注册,供该组织成员在商事活动中使用,以表明使用者在该组织中的成员资格的标志。证明商标,是指由对某种商品或者服务具有监督能力的组织所控制,而由该组织以外的单位或者个人使用于其商品或者服务,用以证明该商品或者服务的原产地、原料、制造方法、质量或者其他特定品质的标志。

11. 商标与商品名称的关系是什么？

商品名称是用来区分不同种类的商品，一般为自然产生的通用名称，如大米、小麦、酒；商标是识别商品和服务来源的标志，其属于商标权人，通过注册才能产生专用权。应当注意的是，通用的商品名称不能注册为商标；已经注册的商标，如果商标权人对其使用、保护不当，尤其是该商标为驰名商标时，则该商标有可能逐步失去显著性、专有性，转化成为家喻户晓的商品通用名称，如阿司匹林、尼龙等。

12. 商标与商号的关系是什么？

（1）商标按照《商标法》的规定进行注册和使用，注册商标专用权在全国范围内有效，并有法定的时效性；商号按照《公司法》或《企业登记管理条例》登记注册，其专用权仅在所登记的地域范围内有效，而且只有在所依附的企业消亡的时候才终止。

（2）在我国，商标权受到侵犯可以依照《商标法》进行保护；商号受到侵犯则援引《民法总则》《反不正当竞争法》等法律法规保护。

（3）企业可以把特定的文字、图形等元素即注册为商标，也登记为商号使用。但依照《商标法》第58条规定，将他人注册商标、未注册驰名商标作为企业名称中的字号使用，误导公众，构成不正当竞争行为的，依照《反不正当竞争法》处理。

13. 申请注册和使用商标应当遵循什么原则？

申请注册和使用商标，应当遵循诚实信用原则，不得以欺骗或者其他不正当手段取得商标注册。对于不以使用为目的的恶意商标注册申请，应当予以驳回。

14. 哪些标志禁止作为商标使用？

根据《商标法》第10条的规定，下列标志既不能申请注册为商标，也不得作为商标使用：

（1）同中华人民共和国的国家名称、国旗、国徽、国歌、军旗、军徽、军歌、勋章等相同或者近似的，以及同中央国家机关的名称、标志、所在地特定地点的名称或者标志性建筑物的名称、图形相同的；

（2）同外国的国家名称、国旗、国徽、军旗等相同或者近似的，但经该国政府同意的除外；

（3）同政府间国际组织的名称、旗帜、徽记等相同或者近似的，但经该组织同意或者不易误导公众的除外；

（4）与表明实施控制、予以保证的官方标志、检验印记相同或者近似的，但经授权的除外；

（5）同"红十字""红新月"的名称、标志相同或者近似的；

（6）带有民族歧视性的；

（7）带有欺骗性，容易使公众对商品的质量等特点或者产地产生误认的；

（8）有害于社会主义道德风尚或者有其他不良影响的。

县级以上行政区划的地名或者公众知晓的外国地名，不得作为商标。但是，地名具有其他含义或者作为集体商标、证明商标组成部分的除外；已经注册的使用地名的商标继续有效。

对于使用违反上述规定的未注册商标的行为，由地方市场监管部门予以制止，限期改正，并可以予以通报、罚款。

15. 商标为什么要具有显著性？什么样的标志不具备显著性？

商标是用来区别商品和服务来源的标志，应当具有显著特征，便于识别。

依照《商标法》第11、12条的规定，下列标志不具备显著性，不得作为商标注册：仅有本商品的通用名称、图形、型号的；仅直接表示商品的质量、主要原料、功能、用途、重量、数量及其他特点的；以三维标志申请注册商标的，仅由商品自身的性质产生的形状、为获得技术效果而需有的商品形状或者使商品具有实质性价值的形状的；其他缺乏显著性特征的。

二、创造

16. 如何申请注册商标？

申请人可以自行申请商标，也可以委托依法设立的商标代理机构办理商标申请注册。

申请人自行申请的，可以通过以下途径进行：

（1）申请人自行提交电子申请。申请人可自行通过网上服务系统在线提交商标注册申请，提交方法详见其"网上申请"栏目。商标网上服务系统网址：http://sbj.cnipa.gov.cn/wssq/。

（2）申请人可到以下地点办理商标注册申请。

①到地方商标受理窗口办理。

目前，全国31个省、自治区、直辖市已经批准设立了175个商标受理窗口，申请人可就近办理商标注册申请。地方商标受理窗口地址，请查阅中国商标网"商标申请指南"栏目或"常见问题解答"栏目《京外商标审查协作中心和地方商标受理窗口汇总表》。网址：http://sbj.cnipa.gov.cn/gzdt/201901/t20190131_281339.html。

②到京外设立的商标审查协作中心办理。

商标审查协作广州中心受理大厅

地址：广东省广州市越秀区流花路117号内12、14号楼一楼

邮编：510014

电话：020-83772305

上海商标审查协作中心受理大厅
地址：上海市徐汇区漕宝路650号一号楼一楼
邮编：200235
电话：021-23521800-0

重庆商标审查协作中心受理大厅
地址：重庆市江北区对山立交科技金融大厦5号楼
邮编：400023
电话：023-65854191，65854187

济南商标审查协作中心受理大厅
地址：山东省济南市高新区天辰路2177号联合财富广场2号楼南侧大厅
邮编：250000
电话：0531-89700542

郑州商标审查协作中心受理大厅
地址：河南省郑州市郑东新区永和龙子湖广场B座32层
邮编：450046
电话：0371-88905323

③到商标局驻中关村国家自主创新示范区办事处办理。
商标局驻中关村国家自主创新示范区办事处
地址：北京市海淀区苏州街36号北京市工商行政管理局二层205办公室

④到商标局商标注册大厅办理。
商标局商标注册大厅
地址：北京市西城区茶马南街1号
邮编：100055

办公时间：8：30 至 11：30　13：30 至 16：30
咨询电话：86-10-63218500

（3）外国人或者外国企业在中国申请商标注册和办理其他商标事宜的，应当委托依法设立的商标代理机构办理，但在中国有经常居所或者营业所的外国人或外国企业除外。

我国香港、澳门和台湾地区的申请人参照涉外申请人办理。

17. 国内自然人能否申请注册商标？如何办理？

《商标法》第 4 条规定，自然人、法人或者其他组织在生产经营活动中，对其商品或者服务需要取得商标专用权的，应当向商标局申请商标注册。因此，实际进行生产经营活动的自然人是可以以自己名义申请商标注册的。国内自然人直接办理商标注册申请时应当提交以下文件：按照规定填写打印的《商标注册申请书》并由申请人签字、商标图样、个体工商户营业执照复印件、身份证复印件；农村承包经营户可以以其承包合同签约人的名义提出商标注册申请，商品和服务范围以其自营的农副产品为限，申请时应提交承包合同复印件。符合上述条件的国内自然人，在办理商标网上申请系统用户注册后，可以自行通过商标网上申请系统提交申请。同一申请人同时办理多件商标的注册申请事宜时，只需要提供一份身份证复印件、一份个体工商户营业执照复印件或承包合同复印件。

18. 商标代理机构能申请注册商标吗？

商标代理机构包括经登记从事商标代理业务的服务机构和律师事务所。商标代理机构的资质可以通过中国商标网的商标代理栏目（网址：http://sbj.cnipa.gov.cn/sbdl/）查询。商标代理机构除对其代理服务（类别号为 4506）申请注册外，不得申请注册其他商标。

19. 申请商标注册时，如何申报商品和服务项目？

申请人申请商标注册，应当按照公布的商品和服务分类表填报。商品和服务项目名称应当按照商品和服务分类表中的类别号、名称填写。

商标申请人申报商品时，首先应当根据《类似商品和服务区分表》（以下简称《区分表》）上的分类进行申报；如果申请的是《区分表》上没有的商品和服务项目时，应根据类别标题、【注释】，比照标准名称申报类别；根据类别标题、【注释】，比照标准名称仍无法分类的，按照分类原则申报。

《区分表》是我国将尼斯分类的商品和服务项目划分类似群，并结合实际情况增加我国常用商品和服务项目名称而制定的，为申请人申报商标注册时使用。表中将商品和服务分成 45 个大类，其中商品为 1~34 类，服务为 35~45 类。各类下含有类别标题、【注释】、商品和服务项目名称。其中，类别标题指出了归入本类的商品或服务项目范围，如第 25 类"服装，鞋，帽"；【注释】则对本类主要包括及不包括哪些商品或服务项作了说明。目前，《区分表》为基于尼斯分类第十版（2019 文本）。

20. 如何在不同类别申请注册商标？

商标注册申请人应当按规定的商品分类表填报使用商标的商品或服务类别及名称，提出注册申请。商标注册申请人可以通过一份申请就多个类别的商品申请注册同一商标。申请人不要盲目指定多个类别，应理性地结合自身的经营范围来有针对性地对商标进行注册保护。

21. 《区分表》上没有要申请的商品和服务项目怎么办？

依照《商标法实施条例》第 15 条的规定，申请人申请商标注册时，可以申报《区分表》以外的其他商品和服务项目名称，但应满足以下要求：

（1）符合提交申请时施行的尼斯分类和《区分表》版本分类原则。

（2）申报的商品和服务项目名称应对商品和服务项目进行准确地表述。凭借名称就可以使此商品或服务项目与其他类别的商品或服务项目相区分，并能够划分到特定的群组。应避免使用含混不清、过于宽泛、不足以确定其所属类别或易产生误认的商品或服务项目名称。

（3）附送对该商品或服务项目的说明。应注意，即使申请人附送了对商品或服务项目的说明材料，该商品或服务项目名称本身也应符合上述所有申报要求。

22. 如何自行查询商标？

商标注册申请人可以自行通过中国商标网的商标查询栏目（网址：http://sbj.cnipa.gov.cn/sbcx/）查询商标，以了解自己准备申请注册的商标是否与他人已经注册或正在注册的商标相同或近似。申请前的查询，是申请商标注册的重要步骤。商标查询只能查询到已录入数据库的商标资料，故存在空白期，或者叫盲区。

具体方式为直接登录中国商标网，根据实际需求进行商标近似查询、商标综合查询及商标状态查询，也可以委托商标代理人查询有关商标信息。

23. 是否注册多个要素组合的商标更易授权、使用更方便？

申请商标的要素包含文字、图形、字母、数字、颜色组合等，当商标要素不止一个时，单独申请比组合申请更加可行。

（1）审查员审查时会对组合申请的商标的各要素分开审查，其中任一要素不能通过审查，则商标整体将被驳回。而单独申请的商标，审查时各要素则互不影响。因此，商标要素不止一个时，单独申请风险要小于组合申请。

（2）使用时，各要素作为一个整体申请的，则必须以整体注册形式来使用，不能单独分开，也不能改变排列形式。而单独申请则没有这方面的限制，作为商标使用时，通过审查的要素可以任意组合、排列，更加灵活。

24. 商标注册时对文字字体的使用应注意什么？

申请商标注册时，如果作为该商标构成要素的字体具有一定的独创性，符合《著作权法》中规定的美术作品的要点，则该文字字体受《著作权法》的保护，商标权人将其作为注册商标要素申请时，需要经过著作权人许可。如果文字字体为常规字体，不具有独创性，则申请人可以直接申请商标注册。

25. 商标注册申请需要提交哪些材料？

《商标法》第 27 条规定，为申请商标注册所申报的事项和所提供的材料应当真实、正确、完整。

关于申请注册商品商标或服务商标需要提交的材料，详细信息请查阅中国商标网，网址：http：//sbj.cnipa.gov.cn/sbsq/sqzn/201811/t20181107_276860.html。

关于申请注册证明商标或集体商标提交的材料，详细信息请查阅中国商标网，网址：http：//sbj.cnipa.gov.cn/sbsq/sqzn/201404/t20140430_228961.html。

26. 地名能否注册为商标？

我国《商标法》第 10 条第 2 款规定，县级以上行政区划的地名或者公众知晓的外国地名，不得作为商标。但是，地名作为商标有以下三种例外情形：(1) 地名具有其他含义，即可以作为词汇具有确定含义且该含义强于作为地名的含义，不会误导公众；(2) 地名作为集体商标、证明商标的组成部分；(3) 已经注册的使用地名的商标继续有效。

27. 如何申请注册集体商标？

集体商标是指以团体、协会或者其他组织名义注册，供该组织成员在商事活动中使用，以表明使用者在该组织中的成员资格的标志。

直接办理集体商标注册申请时，除提交按照规定填写打印的《商标注册申请书》并加盖申请人公章、商标图样、身份证明文件复印件（经申请人盖章确认）外，还应当提交集体商标使用管理规则、集体成员名单等。

地理标志可以作为集体商标或者证明商标申请注册。

28. 如何申请注册证明商标？

证明商标是指由对某种商品或者服务具有监督能力的组织所控制，而由该组织以外的单位或者个人使用于其商品或者服务，用以证明该商品或者服务的原产地、原料、制造方法、质量或者其他特定品质的标志。

直接办理证明商标注册申请时，除提交按照规定填写打印的《商标注册申请书》并加盖申请人公章、商标图样、身份证明文件复印件（经申请人盖章确认）外，还应当提交证明商标使用管理规则，并应当详细说明其所具有的或者其委托的机构具有的专业技术人员、专业检测设备等情况，以表明其具有监督该证明商标所证明的特定商品品质的能力。

地理标志可以作为集体商标或者证明商标申请注册。

29. 证明商标只能证明商品产地吗？

除了证明产地外，还可以证明原料、制造方法、质量或者其他特定品质。例如中国绿色食品发展中心申请注册的"绿色食品"就是证明质量的证明商标。

30. 集体商标和证明商标有什么不同？

主要区别在于：集体商标的注册人为集体组织，组织内部成员共同使用；而证明商标的注册人是具有监督能力的机构、协会，由注册人以外的其他人使用，注册人自己不能在自己提供的商品或者服务上使用该注册的证明商标。

31. 如何进行声音商标的注册申请？

《商标法实施条例》第13条第5款规定，以声音标志申请注册商标的，应当在申请书中予以声明，并在商标图样框里对声音商标进行描述，同时报送符合要求的声音样本，以及在《商标注册申请书》"商标说明"栏中说明商标的使用方式。

（1）声音商标的描述。应当以五线谱或者简谱对申请用作商标的声音加以描述并附加文字说明；无法以五线谱或者简谱描述的，应当使用文字进行描述。

（2）声音样本的要求：①通过纸质方式提交声音商标注册申请的，声音样本的音频文件应当储存在只读光盘中，且该光盘内应当只有一个音频文件。通过数据电文方式提交声音商标注册申请的，应按照要求正确上传声音样本；②声音样本的音频文件应小于5MB，格式为wav或mp3。

（3）商标描述与声音样本应当一致。

32. 三维标志商标是什么？如何申请注册？

三维标志商标，通常也称为立体商标。以三维标志申请商标注册的，应当在商标注册申请书中"商标申请声明"栏选择"以三维标志申请商标注册"，在"商标说明"栏内说明商标使用方式。

以三维标志申请商标注册的，提交的商标图样应能够确定三维形状、并应当至少包含三面视图。

33. 申请颜色组合商标应注意什么？

申请注册颜色组合商标的，申请人应当在申请书中予以声明。未声明的，即使申请人提交的是彩色图样，也不以颜色组合商标进行审查。

颜色组合商标不是带颜色的商标，其商标图样应当是表示颜色组合方式的色块，或是表示颜色使用位置的图形轮廓。该图形轮廓不是商标构成要素，必须以虚线表示，不得以实线表示。

申请颜色组合商标的，申请人应当在商标说明中列明颜色名称和色号，并描述该颜色组合商标在商业活动中的具体使用方式。

颜色组合商标一般要求经过使用获得显著性。

34. 将肖像注册为商标，应注意什么？

将他人肖像作为商标图样进行注册申请的，应当予以说明，并附送肖像权人的授权声明书。授权声明书应包括作为商标图样申请的肖像人肖像。自然人将自己的肖像作为商标图样进行注册申请的，应当予以说明，不须附送授权声明书。若商标图样中的人物图形并非真实的人物肖像，只是创作画或电脑制作的虚构的人物形象，应当在商标说明栏中予以说明。

35. 商标注册的缴费标准是什么？

商品分类是申请商标注册办理手续及缴纳费用的基本单位。即一个商标在一个类别上申请注册办理一份手续，缴纳一份基本费用。如一个申请人在医用化学药品、中成药、中药材、药酒、医用营养物品、空气净化制剂、兽药、农药、卫生巾、牙填料上申请注册商标，虽然其指定的商品多达十项，但因这些商品均属同一类别（第 5 类），所以只需办理一份手续，缴纳一份基本费用。

根据《国家发展改革委、财政部关于降低部分行政事业性收费标准的通知》（发改价格〔2019〕914 号）规定，自 2019 年 7 月 1 日起，降低部分商标注册收费，目前商标注册收费标准如下表所示：

收费项目	纸质申请收费标准（按类别）	接受电子发文的网上申请收费标准（按类别）
受理商标注册费	300 元❶	270 元❷
补发商标注册证费	500 元	450 元
受理转让注册商标费	500 元	450 元
受理商标续展注册费	500 元	450 元
受理续展注册迟延费	250 元	225 元
受理商标评审费	750 元	675 元（待开通）
变更费	150 元	0 元
出具商标证明费	50 元	45 元
受理集体商标注册费	1500 元	1350 元
受理证明商标注册费	1500 元	1350 元
商标异议费	500 元	450 元（待开通）
撤销商标费	500 元	450 元（待开通）
商标使用许可合同备案费	150 元	135 元

❶ 限定本类 10 个商品。10 个以上商品，每超过 1 个商品，每个商品加收 30 元。
❷ 限定本类 10 个商品。10 个以上商品，每超过 1 个商品，每个商品加收 27 元。

36. 申请人能否在申请环节增减商品类别？

根据《商标法实施条例》第17条的规定，申请人删减指定的商品的，应当向商标局办理变更手续。即申请人可以在申请环节，对商品类别进行删减；但是对需要增加商品类别的，需另行向商标局提出申请。

进行删减申请时应提交的材料的详细信息请查阅中国商标网，网址：http://sbj.cnipa.gov.cn/sbsq/sqzn/201811/t20181114_277048.html。

37. 企业是否需要进行商标全类注册？

商标可以进行全类别注册，即同一个申请人可以就同一个商标在《区分表》所列全部类别（目前共45个类别）向商标局申请注册。全类别注册可以使申请人获得对该商标的绝对独占使用和垄断，对商标的保护范围十分全面。但是全类别注册的成本较高，每个类别都需缴纳相应费用。

38. 公司和下属子公司想共同申请一个商标，可以吗？

完全合法。商标专用权是可以由两个或两个以上主体共同申请并共同享有的，且所述两个或两个以上主体不需要有关联。

39. 注册商标的保护期限是多长？

我国《商标法》第39条规定，注册商标的有效期为10年，自核准注册之日起计算。我国《商标法》第40条规定，注册商标有效期满后需要继续使用的，应当在期满前的12个月内申请续展注册；在此期间未能提出申请的，可以给予6个月的宽展期；宽展期内仍未提出申请的，注销其注册商标。商标局对商标续展注册申请审查后，核发商标续展证明，不再另发商标注册证，原商标注册证与商标续展证明一起使用。

40. 共同申请注册同一商标的，应当注意哪些问题？

共同申请注册同一商标或者办理其他共有商标事宜的，应当在申请书中指定一个代表人；没有指定代表人的，以申请书中顺序排列的第一人为代表人。商标局的文件应当送达代表人。

共有商标的专用权由共有人共同行使，即共有商标的转让、续展、变更、质押事宜需要全体共有人一致同意进行。

41. 什么是商标申请的优先权？

优先权是指商标注册申请人对其商标注册在申请日期上享有的优先权，包括两种情形。第一种是"基于第一次申请的优先权"，规定在《商标法》第25条中，商标注册申请人自其商标在外国第一次提出商标注册申请之日起6个月内，又在中国就相同商品以同一商标提出注册申请的，依照外国与中国签订协议或者共同参加的国际条约，或者按照相互承认优先权的原则，可以享有优先权。第二种是"展会优先权"，规定在《商标法》第26条中，商标在中国政府主办的或者承认的国际展览会展出的商品上首次使用的，自该商品展出之日起6个月内，该商标的注册申请人可以享有优先权。

42. 如何在商标注册申请时主张优先权？

根据《商标法》第25条第1款的规定申请商标优先权的，应当在提出商标注册申请的时候提出书面声明，并且在3个月内提交第一次提出的商标注册申请文件的副本；未提出书面声明或者逾期未提交商标注册申请文件副本的，视为未要求优先权。

根据《商标法》第 26 条第 1 款的规定申请优先权的，应当在提出商标注册申请的时候提出书面声明，并且在 3 个月内提交展出其商品的展览会名称、在展出商品上使用该商标的证据、展出日期等证明文件；未提出书面声明或者逾期未提交证明文件的，视为未要求优先权。

43. 两个以上的申请人在同一天就同种或类似商品，以相同或近似商标申请注册的，如何处理？

《商标法实施条例》第 19 条规定，两个或者两个以上的申请人，在同一种商品或者类似商品上，分别以相同或者近似的商标在同一天申请注册的，各申请人应当自收到商标局通知之日起 30 日内提交其申请注册前在先使用该商标的证据。同日使用或者均未使用的，各申请人可以自收到商标局通知之日起 30 日内自行协商，并将书面协议报送商标局。不愿协商或者协商不成的，商标局通知各申请人以抽签的方式确定一个申请人，驳回其他人的注册申请。商标局已经通知但申请人未参加抽签的，视为放弃申请，商标局应当书面通知未参加抽签的申请人。

44. 如何在其他国家注册商标？

申请人到国外申请注册商标主要有两种途径：一种是逐一国家注册，即分别向各国商标主管机关申请注册；一种是马德里商标国际注册，即根据《商标国际注册马德里协定》的规定，在马德里联盟成员国间所进行的商标注册。两者相比，采用马德里国际注册方式更为便捷，办理时需提交以下材料：

（1）马德里商标国际注册书；
（2）相应的外文申请书；
（3）国内商标注册证复印件或受理通知书复印件；
（4）申请人资格证明文件，如营业执照复印件、居住证明复印件、身份证件复印件等；

（5）基础注册或申请的商标如在国内进行过变更、转让或续展等后续业务，一并提交核准证明复印件；

（6）申请人使用英文名称的，必须提供使用该英文名称的证明文件；

（7）委托代理人的，应附送代理委托书；

（8）指定美国的，一并提交 MM18 表格。

45. 哪些情况下要对商标进行补正？补正的期限及后果？

认为对商标注册申请内容需要说明或者修正的，商标主管机关会通知申请人予以补正。申请人应当自收到通知之日起 30 日内作出说明或者修正，并交回主管机关。在规定期限内补正并交回的，保留申请日期；期满未补正的或者不按照要求进行补正的，不予受理并书面通知申请人。

46. 商标注册申请的审查流程是什么？

商标从申请到获得注册一般会经过如下流程：

（1）申请。申请人提出申请，可以自行提出也可委托依法设立的商标代理机构办理。可以纸件申请也可以通过商标注册网上服务系统申请。申请人可以通过一份申请就多个类别的商品申请注册同一商标。

（2）形式审查。商标主管机关对受理的商标注册申请进行形式审查，对按照规定填写申请文件并缴纳费用的，予以受理并书面通知申请人。

（3）实质审查。受理后对商标是否违背禁用条款，是否近似进行审查，对不符合规定的，予以驳回。当事人不服，可以申请复审。

（4）初步审定并公告。对符合规定的注册申请，应当在 9 个月内审查完毕，予以初步审定公告。自公告之日起 3 个月内，符合条件的异议人可以提出异议。

（5）注册并公告。公告期满无异议的或者异议经审查不成立的，予以核准注册，发给商标注册证，并予公告。

47. 不服商标被驳回怎么办？

根据《商标法》第 34 条的规定，商标注册申请人对商标被驳回的决定不服的，可以自收到通知之日起 15 日内申请复审。

48. 对初步审定公告的商标不服怎么办？

2019 年修改的《商标法》（2019 年 11 月 1 日起施行）第 33 条规定，对初步审定公告的商标，自公告之日起 3 个月内，在先权利人、利害关系人认为违反本法第 13 条第 2 款和第 3 款、第 15 条、第 16 条第 1 款、第 30 条、第 31 条、第 32 条规定的，或者任何人认为违反本法第 4 条、第 10 条、第 11 条、第 12 条、第 19 条第 4 款规定的，可以向商标局提出异议。公告期满无异议的，予以核准注册，发给商标注册证，并予公告。

49. 如何对初步审定公告的商标提出异议？异议成立的法律后果是什么？

异议理由不同，对异议人的主体资格和提交材料的要求也不同。

依照《商标法》第 33 条的规定，认为初步审定公告的商标侵犯自己的在先权利或者商标是与自己有利害关系的人抢注的，自公告之日起 3 个月内，在先权利人、利害关系人可以援引第 13 条第 2 款和第 3 款、第 15 条、第 16 条第 1 款、第 30 条、第 31 条、第 32 条的规定提起异议。认为初步审定公告的商标属于《商标法》第

10条、第11条、第12条规定的情形的，或者是不以使用为目的恶意注册的，或者系商标代理机构抢注的，任何人都可以援引上述条款提起异议。

依照《商标法实施条例》第24条的规定，提起异议应提交下列商标异议材料一式两份并标明正、副本：

（1）商标异议申请书；（2）异议人的身份证明；（3）以违反商标法第13条第2款和第3款、第15条、第16条第1款、第30条、第31条、第32条规定为由提出异议的，异议人作为在先权利人或者利害关系人的证明。商标异议申请书应当有明确的请求和事实依据，并附送有关证据材料。

依照《商标法》第35条规定，商标异议成立的，被异议商标将被不予注册。被异议人不服的，可以自收到通知之日起15日内申请复审。商标异议不成立的，被异议商标准予注册，商标主管机关向被异议人发放商标注册证。

50. 对商标不予注册的决定不服应如何做？

商标异议成立的，则被异议商标不予注册。

依照《商标法》第35条的规定，商标申请人对商标不予注册决定不服的，可以自收到通知之日起30日内向人民法院起诉。人民法院应当通知异议人作为第三人参加诉讼。

51. 商标核准注册的时间及效果是什么？

3个月的商标初步审定公告期满后，没有异议或者商标异议不成立的，商标予以核准注册，发给商标注册证并予以公告。自商标核准注册公告之日起，商标注册人对该商标享有注册商标专用权。注册商标专用权以核准注册的商标与核定使用的商品为限。任何人未经商标注册人许可，不得在相同和类似商品上使用相同或近似的商标，否则构成侵权。

52. 对已经注册的商标不服怎么办？

对已经注册的商标不服的，可以向商标主管机关申请宣告该商标无效。

若该商标注册后连续 3 年无正当理由未使用或者已经成为核定使用商品的通用名称的，任何人可以请求撤销该商标。

53. 商标无效有哪些情形？如何申请宣告无效？

2019 年新修改《商标法》（2019 年 11 月 1 日起施行）第 44 条、第 45 条规定了两类商标无效的情形。

第一种为已经注册的商标违反《商标法》第 4 条、第 10 条、第 11 条、第 12 条和第 19 条第 4 款规定的，或者是以欺骗手段或者其他不正当手段取得注册的，该种情形可以由商标主管机关主动宣告商标无效。也可以依照当事人申请宣告无效。

第二种是已经注册的商标，违反《商标法》第 13 条第 2 款和第 3 款、第 15 条、第 16 条第 1 款、第 30 条、第 31 条、第 32 条规定的，此种情形只能由在先权利人或者利害关系人请求宣告该注册商标无效，且应自商标注册之日起 5 年内提出。对恶意注册的，驰名商标所有人不受 5 年的时间限制。

54. 对无效宣告的结果不服，该怎么做？

对于商标主管机关依照《商标法》第 44 条规定做出的宣告注册商标无效（商标违反《商标法》第 4 条、第 10 条、第 11 条、第 12 条和第 19 条第 4 款规定）决定不服的，可以申请复审。

对于商标主管机关依照申请人的请求作出的宣告或者维持注册商标的裁定不服的，可以自收到裁定之日起 30 日内向人民法院起诉。

55. 商标无效的决定什么时候生效？有什么效果？

法定期限届满，当事人对宣告注册商标无效的决定不申请复审或者对复审决定、维持注册商标或者宣告注册商标无效的裁定不向人民法院起诉的，商标局的相关决定、裁定生效。

被宣告无效的注册商标，其注册商标专用权视为自始即不存在。

宣告注册商标无效的决定或者裁定，对宣告无效前人民法院做出并已执行的商标侵权案件的判决、裁定、调解书和工商行政管理部门做出并已执行的商标侵权案件的处理决定以及已经履行的商标转让或者使用许可合同不具有追溯力。但是，因商标注册人的恶意给他人造成的损失，应当给予赔偿。

依照前款规定不返还商标侵权赔偿金、商标转让费、商标使用费，明显违反公平原则的，应当全部或者部分返还。

注册商标被宣告无效之日起1年内，对与该商标相同或者近似的商标注册申请，不予核准。

56. 申请商标评审的情形有哪些？如何申请商标评审？

根据《商标法》及实施条例的规定，商标评审案件包括如下情形：①不服驳回商标注册申请决定，依照《商标法》第34条规定申请复审的案件；②不服不予注册决定，依照《商标法》第35条第3款规定申请复审的案件；③对已经注册的商标，依照《商标法》第44条第1款、第45条第1款规定请求无效宣告的案件；④不服商标主管机关主动宣告注册商标无效决定，依照《商标法》第44条第2款规定申请复审的案件；⑤不服商标局撤销或者不予撤销注册商标决定，依照《商标法》第54条规定申请复审的案件。

申请商标评审的途径：国内申请人提交评审申请，可以委托商标代理组织代理，也可以自行办理。外国人或外国企业申请商标评审事宜，应当委托商标代理组织代理。

申请商标评审时需提交的材料：申请商标评审，应当提交申请书；有被申请人的，应当按照被申请人的数量提交相应份数的副本；申请人的商标发生转让、移转，已提出申请但是尚未核准公告的，申请人应当提供相应的证明文件；基于商标主管机关的决定书或者裁定书申请复审的，还应当同时附送相关决定书或者裁定书；申请人撤回评审申请的，终止评审。

57. 什么情况下当事人可以在评审答辩后补充材料？如何补充？

根据《商标评审规则》第23条的规定，当事人需要在提出评审申请或者答辩后补充有关证据材料的，应当在申请书或者答辩书中声明，并自提交申请书或者答辩书之日起3个月内一次性提交；未在申请书或者答辩书中声明或者期满未提交的，视为放弃补充证据材料。但是，在期满后生成或者当事人有其他正当理由未能在期满前提交的证据，在期满后提交的，证据交对方当事人并质证后可以采信。

58. 如何终止商标评审程序？

在评审决定、裁定作出前，申请人可以书面要求撤回申请并说明理由，商标评审机关认为可以撤回的，评审程序终止。

申请人撤回商标评审申请的，不得以相同的事实和理由再次提出评审申请。

59. 申请人对商标评审案件的决定或裁定不服，如何救济？

当事人对商标评审案件的各类决定或裁定不服的，可以自收到通知之日起30日内向人民法院起诉。目前，北京知识产权法院受理以国家行政机关为被告的商标确权案件。

60. 注册商标在什么情况下会被撤销？

《商标法》第 49 条规定，商标注册人在使用注册商标的过程中，自行改变注册商标、注册人名义、地址或者其他注册事项的，由地方市场监管部门责令限期改正；期满不改正的，由商标主管机关撤销其注册商标。

注册商标成为其核定使用的商品的通用名称或者没有正当理由连续 3 年不使用的，任何单位或者个人可以申请撤销该注册商标。

61. 注册商标撤销的法律后果如何？

当事人在法定期限内对商标撤销的决定不申请复审或者对复审决定不提起诉讼的，撤销决定生效。

注册商标被撤销的，原《商标注册证》作废，并予以公告；撤销该商标在部分指定商品上的注册的，或者商标注册人申请注销其商标在部分指定商品上的注册的，重新核发《商标注册证》，并予以公告。

注册商标专用权自撤销之日起终止。

62. 商标审查的期限是多久？

根据我国《商标法》第 28 条的规定，对申请注册的商标，商标局应当自收到商标注册申请文件之日起 9 个月内审查完毕，符合《商标法》有关规定的，予以初步审定公告。

三、运用

63. 商标许可使用的方式有哪几种？

《商标法》第 43 条规定，商标注册人可以通过签订商标使用许可合同，许可他人使用其注册商标。许可人应当监督被许可人使用其注册商标的商品的质量。被许可人应当保证使用该注册商标的商品的质量。经许可使用他人注册商标的，必须在使用该注册商标的商品上标明被许可人的名称和商品产地。

商标许可使用的方式一般包括以下三种：

（1）独占使用许可：即许可人在约定地域内，将注册商标的使用权仅授予一家被许可人，许可人不得再将同一商标许可给第三人，许可人自己也承诺在商标使用许可合同存续期间放弃自己依法享有的商标使用权。

在商标专用权上，独占使用许可的被许可人与许可人拥有同等的法律地位，当在上述约定地域内发现商标侵权行为时，独占被许可人与许可人一样享有诉权，可以直接以"利害关系人"身份起诉侵权者。

（2）排他使用许可：即许可人在约定地域内，除自己依法使用被许可商标外，仅将被许可商标的使用权授予一家被许可人使用，并承诺在商标使用许可合同存续期间，不再将该商标许可给第三人。

如出现商标侵权行为，被许可人既可以和商标许可人一同提起诉讼，也可以在许可人不起诉或怠于起诉的情况下单独提起诉讼。

（3）普通使用许可：即许可人授权被许可人在规定地域范围内使用该注册商标，同时，许可人保留自己在该地域内使用该注册商标和再授予第三人使用该注册商标的权利。

当涉及商标侵权诉讼时，普通被许可人一般不得以自己的名义对侵权者提起诉讼，可将情况告知许可人，由许可人采取必要措施。普通被许可人经商标注册人明确授权，也可以提起诉讼。

64. 如何转让注册商标？

《商标法》第42条规定，转让注册商标的，转让人和受让人应当签订转让协议,并共同向商标局提出申请。受让人应当保证使用该注册商标的商品的质量。

转让注册商标经核准后,予以公告。受让人自公告之日起享有商标专用权。

商标转让流程包括:申请→受理→审查→公告→核发转让证明。

商标转让流程所需文件:
(1)《转让申请/注册商标申请书》;
(2) 转让双方身份证明文件(复印件);
(3) 如果是委托代理需出具《代理委托书》;
(4) 申请文件为外文的,需提供经翻译机构签章认证的中文译本。

65. 在同一种或类似商品上注册的相同或相近似的商标,如何转让?

《商标法》第42条第2款规定,转让注册商标的,商标注册人对其在同一种商品上注册的近似的商标,或者在类似商品上注册的相同或者近似的商标,应当一并转让。

《商标法实施细则》第31条规定,转让注册商标,商标注册人对其在同一种或者类似商品上注册的相同或者近似的商标未一并转让的,由商标局通知其限期改正;期满未改正的,视为放弃转让该注册商标的申请,商标局应当书面通知申请人。

66. 注册商标如何进行使用许可?

《商标法》第43条规定,商标注册人可以通过签订商标使用许可合同,许可他人使用其注册商标。许可人应当监督被许可人使用其注册商标的商品质量。被许可人应当保证使用该注册商标的商品质量。

经许可使用他人注册商标的，必须在使用该注册商标的商品上标明被许可人的名称和商品产地。

67. 商标许可合同应如何进行备案？备案的法律效力是什么？

《商标法》第43条第3款规定，许可他人使用其注册商标的，许可人应当将其商标使用许可报商标局备案，由商标局公告。商标使用许可未经备案不得对抗善意第三人。

《最高人民法院关于审理商标民事纠纷案件适用法律若干问题的解释》第19条规定：商标使用许可合同未经备案的，不影响该许可合同的效力，但当事人另有约定的除外。商标使用许可合同未在商标局备案的，不得对抗善意第三人。

商标许可合同备案是指该商标注册人可以通过签订商标使用许可合同，许可他人使用其注册商标，通过转移全部或部分商标使用权而获得效益。许可人应当自商标使用许可合同签订之日起3个月内将合同报送商标局备案。

备案的办理流程包括：提交申请→形式审查→核准备案（3~5个月）→获得备案。

办理商标许可备案应提交如下文件：

（1）由商标许可人和被许可人共同签章的商标许可备案表；

（2）商标许可人的身份证明文件复印件；

（3）商标被许可人的身份证明文件复印件；

（4）由商标许可人签章的商标委托书（如果委托商标代理机构办理）。

68. 如何进行商标质押？

《商标法实施条例》第70条规定，以注册商标专用权出质的，出质人与质权人应当签订书面质权合同，并共同向商标局提出质权登记申请，由商标局公告。

办理商标质押申请应提交如下文件：

（1）由商标质权人和出质人共同签章的商标专用权质押登记申请书；

（2）商标质权人的身份证明文件复印件；

（3）商标出质人的身份证明文件复印件；

（4）主合同和注册商标专用权质权合同原件或经双方盖章确认的复印件；

（5）由商标质权人签章的商标委托书（如果委托商标代理机构办理）；

（6）由商标出质人签章的商标委托书（如果委托商标代理机构办理）。

四、管理

69. 注册商标如何进行标记？

根据《商标法实施条例》第 63 条的规定，使用注册商标，可以在商品、商品包装、说明书或者其他附着物上标明"注册商标"或者注册标记。

使用注册标记，应当标注在商标的右上角或者右下角。注册标记包括 ⓡ 和 ®。"R"是"Register"的大写首字母，表示已经注册。

有的商标右上角加注"TM"，是"Trademark"的缩写，表示所标注的是商标，但可能是未经注册的商标或正在申请注册过程中。美国的商标通常加注"TM"。使用未注册商标时，不能标记"注册商标"或注册标记。

70. 如何查询商标的代理机构？

商标代理机构查询，可以根据备案代理机构（律师事务所）的名称和地址查询代理机构是否真实存在。根据《商标法实施条例》第84条的规定，商标法所称商标代理机构，包括经工商行政管理部门登记从事商标代理业务的服务机构和从事商标代理业务的律师事务所。商标代理机构从事商标事宜代理业务的，应当向商标局备案。

若希望了解某商标代理机构的相关信息，可登录如下网站查询：

（1）中国商标网下"商标代理"栏，网址为http：//sbj.cnipa.gov.cn/sbdl/：可查询代理机构备案名单、注销名单、停止经营名单、行政处罚信息等。

（2）国家企业信用信息公示系统，网址为http：//www.gsxt.gov.cn：可查询某代理机构的成立时间、注册资本、股东、分支机构等基本信息。

（3）第三方信息平台：可进一步查询某代理机构其他相关信息。

（4）中国商标网下"商标评审"栏，网址为http：//spw.sbj.cnipa.gov.cn/：登录后进入"评审文书"栏，根据"代理机构名称"栏可查询某代理机构曾代理过的商标评审案件。

71. 注册商标有效期满后，如何进行续展？

《商标法》第40条规定，注册商标有效期满，需要继续使用的，商标注册人应当在期满前12个月内按照规定办理续展手续；在此期间未能办理的，可以给予6个月的宽展期。每次续展注册的有效期为10年，自该商标上一届有效期满次日起计算。期满未办理续展手续的，注销其注册商标。

申请注册商标续展手续：续展申请→受理→审核→复审（如驳回）→续展公告→核发续展证明。

申请注册商标续展所需文件及注意事项：

（1）《注册商标续展申请书》；

（2）申请人身份证明文件，包括申请人经盖章或者签字确认的身份证明文件复印件（如企业的营业执照副本、自然人的身份证/港澳居民居住证/台湾居民居住证/护照等）；

（3）委托商标代理机构或者代理人办理的，需提交商标代理委托书。

72. 注册商标有效期满，未及时进行续展，是否还能恢复权利？

根据我国现行《商标法》，注册商标有效期满，未及时进行续展而被注销的商标不能恢复权利。在这种情况下需重新进行注册申请。

73.《商标注册证》遗失或者破损，应如何处理？

《商标注册证》遗失或者破损，商标专用权信息就不完整，对商标注册人的专用权保护也无从谈起。因此，《商标注册证》遗失或者破损的，应当向商标局申请补发。

《商标法实施条例》第64条规定，《商标注册证》遗失或者破损的，应当向商标局提交补发《商标注册证》申请书。《商标注册证》遗失的，应当在《商标公告》上刊登遗失声明。破损的《商标注册证》，应当在提交补发申请时交回商标局。

申请补发《商标注册证》所需文件：

（1）补发商标注册证申请书（商标信息和原商标注册证上的一致）；

（2）商标注册人经盖章或者签字确认的身份证明文件（营业执照副本、身份证等）复印件；

（3）委托商标代理机构或者代理人办理的，提交商标代理委托书；

(4) 因破损而申请补发的,需将破损的原商标注册证一并提交。

74. 如何认定驰名商标?

认定驰名商标的相关法律规定:

《商标法》第 13 条规定:为相关公众所熟知的商标,持有人认为其权利受到侵害时,可以依照本法规定请求驰名商标保护。

就相同或者类似商品申请注册的商标是复制、摹仿或者翻译他人未在中国注册的驰名商标,容易导致混淆的,不予注册并禁止使用。

就不相同或者不相类似商品申请注册的商标是复制、摹仿或者翻译他人已经在中国注册的驰名商标,误导公众,致使该驰名商标注册人的利益可能受到损害的,不予注册并禁止使用。

《商标法》第 14 条规定:驰名商标应当根据当事人的请求,作为处理涉及商标案件需要认定的事实进行认定。认定驰名商标应当考虑下列因素:

(1) 相关公众对该商标的知晓程度;
(2) 该商标使用的持续时间;
(3) 该商标的任何宣传工作的持续时间、程度和地理范围;
(4) 该商标作为驰名商标受保护的记录;
(5) 该商标驰名的其他因素。

在商标注册审查、工商行政管理部门查处商标违法案件过程中,当事人依照本法第 13 条规定主张权利的,商标局根据审查、处理案件的需要,可以对商标驰名情况作出认定。

在商标争议处理过程中,当事人依照本法第 13 条规定主张权利的,商标评审委员会❶根据处理案件的需要,可以对商标驰名情况作出认定。

在商标民事、行政案件审理过程中,当事人依照本法第13条规定主张权利的,最高人民法院指定的人民法院根据审理案件的需要,可以对商标驰名情况作出认定。

生产、经营者不得将"驰名商标"字样用于商品、商品包装或者容器上,或者用于广告宣传、展览以及其他商业活动中。

驰名商标认定的原则:①个案认定;②被动保护;③按需认定。

75. 如何办理商标注册信息的变更?

《商标法》第41条规定,注册商标需要变更注册人的名义、地址或者其他注册事项的,应当提出变更申请。

《商标法实施条例》第30条规定,变更商标注册人名义、地址或者其他注册事项的,应当向商标局提交变更申请书。变更商标注册人名义的,还应当提交有关登记机关出具的变更证明文件。商标局核准的,发给商标注册人相应证明,并予以公告;不予核准的,应当书面通知申请人并说明理由。

变更商标注册人名义或者地址的,商标注册人应当将其全部注册商标一并变更;未一并变更的,由商标局通知其限期改正;期满未改正的,视为放弃变更申请,商标局应当书面通知申请人。

办理变更申请人/注册人名义或者地址的申请需要提供如下文件:

(1) 变更申请书;

(2) 变更后的商标申请人/注册人的身份证明文件复印件;

(3) 变更商标申请人/注册人名义的,还应当提交有关登记机

---

❶ 2018年国家机构改革以后,商标评审委员会已取消,其职能由国家知识产权局商标局的评审处承担。

关出具的变更证明文件［如果文件（2）能体现该名义变更的话，不必单独提供文件（3）］；

（4）申请人签章的商标委托书（如委托商标代理机构办理）。

76. 企业注销或分立合并的，应如何对注册商标进行处理？

《商标法实施条例》第32条规定，注册商标专用权因转让以外的继承等其他事由发生移转的，接受该注册商标专用权的当事人应当凭有关证明文件或者法律文书到商标局办理注册商标专用权移转手续。

注册商标专用权移转的，注册商标专用权人在同一种或者类似商品上注册的相同或者近似的商标，应当一并移转；未一并移转的，由商标局通知其限期改正；期满未改正的，视为放弃该移转注册商标的申请，商标局应当书面通知申请人。

商标移转申请经核准的，予以公告。接受该注册商标专用权移转的当事人自公告之日起享有商标专用权。

如果公司已经注销且企业单位的清算报告有明确规定商标权利归属的，从其约定；如果没有表明商标权利归属的，可以由原公司的全体股东就公司注销清算时遗漏的财产予以处理。

商标移转申请所需文件如下：

（1）商标转让/移转申请书；

（2）商标受让人的主体资格证明复印件；

（3）转让方公司工商机关出具的注销证明；

（4）转让方公司工商机关备案的清算组资格证明及清算报告文件；

（5）转让方公司清算组或全体股东同意转让（移转）的证明；

（6）转让方公司全体股东的身份证明；

（7）委托代理人办理的需提交签章的委托代理书。

企业分立产生的商标权利转移，通常情况下按照商标转让申请办理手续即可。详细信息请参考上文第 64 个问题。

77. 欲在核定使用范围外使用注册商标，该如何做？

《商标法》第 56 条规定，注册商标的专用权，以核准注册的商标和核定使用的商品为限。

《商标法》第 23 条规定，注册商标需要在核定使用范围之外的商品上取得商标专用权的，应当另行提出注册申请。

78. 拟注册的商标已经被他人注册，如何处理？

根据《商标法》保护注册商标专用权的制度及在先申请原则，拟注册的商标被他人在相同、类似商品上在先注册，或者被他人在相同、类似商品上在先申请时，在后申请将面临被驳回的风险。

在后申请人可采取下列方式尝试补救：

（1）可与在先商标注册人/申请人协商商标共存或者转让事宜；

（2）调查在先注册商标是否有实际使用，如果该商标处于闲置状态，并且闲置状态已经持续 3 年，根据《商标法》第 49 条规定"注册商标成为其核定使用的商品的通用名称或者没有正当理由连续三年不使用的，任何单位或者个人可以向商标局申请撤销该注册商标。"，可使用撤销手段；

（3）若在先注册或者在先申请的商标存在与在后商标申请人的在先取得的合法权利相冲突的情况，或者在先商标申请人存在恶意抢注或者不正当注册行为，或者在先商标存在其他禁止注册或使用的情形，在后商标申请人可基于《商标法》第 44 条、第 45 条之规定对在先注册商标提起无效宣告请求，并可基于《商标法》第 33 条之规定，对已初审公告但尚未注册的申请中商标提起异议申请。

79. 什么是商标法意义上的使用，如何证明存在使用行为？

根据《商标法》第 48 条的规定，商标法所称商标的使用，是指将商标用于商品、商品包装或者容器以及商品交易文书上,或者将商标用于广告宣传、展览以及其他商业活动中,用于识别商品来源的行为。

(1) 将商标用于商品、商品包装或者容器以及商品交易文书上的情形:①商标使用在商品外包装、容器、标签上,或者使用在商品附加标牌、产品说明书、介绍手册上等;②商标使用在与商品销售有联系的交易文书上,包括商品销售协议、发票、票据、收据、单据、商品进出口检疫证明、报关单上等;③其他符合《商标法》规定的使用方式。

(2) 服务商标的使用方式包括:①商标直接使用于服务,包括使用于服务的介绍手册、服务场所招牌、装饰、招贴、菜单、登记证、价目表、挂号卡、奖券、文具、信笺、名片、明信片、账册、发票、合同等商业文书及其他配套用具用品等;②其他符合《商标法》规定的使用方式。

(3) 将商标用于广告宣传、展览及其他商业活动中:①商标使用在广播、电视等媒体中,或在经国家批准公开发行的出版物上使用;②商标使用在广告牌或者其他广告方式中;③商标在各级政府有关管理部门批准举办的包括展览会、博览会上使用商标的印刷品及其他资料、照片等。

80. 实际使用的商标与注册的商标不同将产生什么后果?

如果商标注册人实际使用的商标与核准注册的商标不一致,有可能产生以下后果:

(1) 根据《商标法》第49条第2款的规定,注册商标专用权无法得到充分保护,可能因"三年不使用"而被他人申请撤销该注册商标;

(2) 根据《商标法》第49条的规定,对构成自行改变注册商标的违法行为,地方工商行政管理部门可责令限期改正;期满不改正的，由商标局撤销其注册商标；

（3）根据《商标法》第52条的规定，可能构成冒充注册商标的违法行为。地方工商行政管理部门可以制止，限期改正，并可予以通报。商标使用人还有可能被处罚款；

（4）根据《商标法》第57条、第59条、第61条等规定，若改变后的商标同他人的注册商标构成相同、类似商品/服务上的相同、近似商标，将可能构成商标侵权，侵权人将面临行政处罚、支付赔偿金、甚至构成犯罪等后果。

81. 商标注册后不实际使用的会产生什么后果？

根据《商标法》第49条第2款规定，注册商标成为其核定使用的商品的通用名称或者没有正当理由连续3年不使用的，任何单位或者个人可以向商标局申请撤销该注册商标。商标局应当自收到申请之日起9个月内做出决定。有特殊情况需要延长的，经国务院工商行政管理部门批准，可以延长3个月。

我国《商标法》第64条第1款规定，注册商标专用权人请求赔偿，被控侵权人以注册商标专用权人未使用注册商标提出抗辩的，人民法院可以要求注册商标专用权人提供此前3年内实际使用该注册商标的证据。注册商标专用权人不能证明此前3年内实际使用过该注册商标，也不能证明因侵权行为受到其他损失的，被控侵权人不承担赔偿责任。

82. 企业如何避免其注册商标被他人以3年不使用为由申请撤销？

我国《商标法》第49条第2款规定，注册商标没有正当理由连续3年不使用的，任何单位或个人均可向商标局申请撤销该商标（以下简称"撤三"）。商标局受理"撤三"申请之后会向商标持有人下发《提供注册商标使用证据通知书》，商标持有人须在收到通知之日起2个月内提交该商标在撤销申请提出前使用的证据材料或者说明不使用的正当理由，未在期限内提供证据材料或证据材料无效的，商标局将会撤销该注册商标。

关于避免此类事件的发生有以下几点建议：

（1）日常经营活动中需注意收集保管商标使用证据

我国现行《商标法》第48条规定："本法所称商标的使用，是指将商标用于商品、商品包装或者容器以及商品交易文书上，或者将商标用于广告宣传、展览以及其他商业活动中，用于识别商品来源的行为。""使用"是"撤三"条款的核心所在。"使用"的具体证据和材料包括：商标使用在商品外包装、容器、标签上，或者使用在商品附加标牌、产品说明书、介绍手册上等。

比较常用的使用证据：发票、合同（或协议）、广告物品、包装物、产品检验报告、商标印制证明材料、产品说明书、产品报关单等。

哪些情形不视为《商标法》意义上的商标使用：商标注册信息的公布或者商标注册人关于对其注册商标享有专用权的声明；未在公开的商业领域使用；仅有转让或许可行为而没有实际使用；仅以维持商标注册为目的的象征性使用。

（2）给出不使用的正当理由

《商标法实施条例》第67条规定，由不可抗力、政府政策性限制、破产清算、及其他不可归责于商标注册人的正当事由导致的注册商标连续3年不使用，属于"有正当理由"，不予撤销该商标。如因药品上市审批等原因导致某药品注册商标连续3年没有使用，则属于"有正当理由"，不会因为"撤三"条款而被撤销。

《商标法》关于"撤三"的规定，目的在于激活商标资源，清理闲置商标。只有在商业活动中公开、真实地使用了注册商标，且使用行为本身没有违反商标法律的规定，才算是商标注册人尽到了法律规定的使用义务。

五、保护

83. 哪些是侵犯商标权的行为？应承担何种法律责任？

《商标法》第57条规定，有下列行为之一的，均属侵犯注册商标专用权：

（1）未经商标注册人的许可，在同一种商品上使用与其注册商标相同的商标的；

（2）未经商标注册人的许可，在同一种商品上使用与其注册商标近似的商标，或者在类似商品上使用与其注册商标相同或者近似的商标，容易导致混淆的；

（3）销售侵犯注册商标专用权的商品的；

（4）伪造、擅自制造他人注册商标标识或者销售伪造、擅自制造的注册商标标识的；

（5）未经商标注册人同意，更换其注册商标并将该更换商标的商品又投入市场的；

（6）故意为侵犯他人商标专用权行为提供便利条件，帮助他人实施侵犯商标专用权行为的；

（7）给他人的注册商标专用权造成其他损害的。

根据《商标法实施条例》第75条、第76条的规定，为侵犯他人商标专用权提供仓储、运输、邮寄、印制、隐匿、经营场所、网络商品交易平台等，属于《商标法》第57条第（6）项规定的提供便利条件。在同一种商品或者类似商品上将与他人注册商标相同或者近似的标志作为商品名称或者商品装潢使用，误导公众的，属于《商标法》第57条第（2）项规定的侵犯注册商标专用权的行为。

根据《商标法》和《商标法实施条例》的规定，实施侵犯商标权的行为，应承担如下法律责任：

（1）行政责任：对侵犯注册商标专用权的行为，行政管理部门有权依法查处。行政管理部门处理时，认定侵权行为成立的，责令立即停止侵权行为，没收、销毁侵权商品和主要用于制造侵权商品、伪造注册商标标识的工具，违法经营额 5 万元以上的，可以处违法经营额 5 倍以下的罚款，没有违法经营额或者违法经营额不足 5 万元的，可以处 25 万元以下的罚款。对 5 年内实施两次以上商标侵权行为或者有其他严重情节的，应当从重处罚。销售不知道是侵犯注册商标专用权的商品，能证明该商品是自己合法取得并说明提供者的，由工商行政管理部门责令停止销售。

（2）刑事责任：涉嫌犯罪的，应当及时移送司法机关依法处理。

①未经商标注册人许可，在同一种商品上使用与其注册商标相同的商标，构成犯罪的，除赔偿被侵权人的损失外，依法追究刑事责任。

②伪造、擅自制造他人注册商标标识或者销售伪造、擅自制造的注册商标标识，构成犯罪的，除赔偿被侵权人的损失外，依法追究刑事责任。

③销售明知是假冒注册商标的商品，构成犯罪的，除赔偿被侵权人的损失外，依法追究刑事责任。

84. 商标侵权判定的原则？

根据《最高人民法院关于审理商标民事纠纷案件适用法律若干问题的解释》的规定，认定商标相同或者近似按照以下原则进行：

（1）相关公众的一般注意力为标准；

（2）要进行对商标的整体比对，又要进行对商标主要部分的比对，比对应当在比对对象隔离的状态下分别进行。

在认定商标侵权时，除坚持整体比对、要部比对、隔离比对的原则外，还应注重"比同不比异"原则，应当关注的是两者之间的相同之处、该相同之处是否同为商标的要部，是否达到了整体上的混淆，而不是刻意寻找两者之间存在的差异。

85. 如何界定"相同"与"相近似"商标，以及"同一种"或"类似"商品？

认定商标侵权行为中，认定使用与他人"相同"或"相近似"的商标，应以下列原则进行：

（1）以相关公众的一般注意力为标准。

（2）既要进行对商标的整体比对，又要进行商标主要部分的比对，比对应当在比对对象隔离的状态下分别进行。

（3）判断商标是否近似，应当考虑请求保护注册商标的显著性和知名度。具体而言，商标近似是指被控侵权的商标与原告的注册商标相比较，其文字的字形、读音、含义或者图形的构图及颜色，或者其各要素组合后的整体结构相似，或者其立体形状、颜色组合近似，易使相关公众对商品的来源产生误认或者认为其来源与原注册商标的商品有特定联系。

认定商品或者服务是否类似，应当以相关公众对商品或者服务的一般认识综合判断。可参考《区分表》。

86. 如何理解"相关公众"？

"相关公众"可以从以下两方面加以理解：

（1）相关公众是指与该商品有交易关系的特定的消费者。"相关公众"的认定根据商品性质的不同而不同。一般指与该类商品或者服务有关的消费者、同行业的生产经营者以及与前述商品或者服务的营销有密切关系的其他经营者。

（2）因商标的知名度是有地域性的，相关公众也应是指一定地域范围内的相关大众。

87. 什么是假冒他人注册商标的行为？应承担哪些责任？

假冒注册商标行为一般包括以下几种：

（1）未经注册商标所有人许可，在同一种或者类似商品上使用与其注册商标相同或者近似的商标的。

（2）明知是假冒注册商标的商品而进行销售的。

（3）仿造、擅自制造他人注册商标标识或者销售仿造、擅自制造他人注册商标标识的，假冒他人注册商标的，应当依照《商标法》或《反不正当竞争法》的相关规定予以处罚；情节严重构成犯罪的，要追究有关人员的刑事责任。

88. 什么是反向假冒？

反向假冒是对商标权的间接性侵权行为，主要是指在商品销售活动中将他人在商品上合法贴附的商标消除，换上自己的商标，冒充为自己的商品予以销售的行为。

反向假冒将导致原有商标与商品相分离，消费者无法正确认知商品的真正来源，侵犯了他人的商标权。

89. 将他人驰名商标作为企业名称登记是否违法？

将他人驰名商标作为企业名称登记，属于违法行为。

根据《商标法》第58条规定，将他人注册商标、未注册的驰名商标作为企业名称中的字号使用，误导公众，构成不正当竞争行为的，还应依照《反不正当竞争法》处理。

90. 商标许可使用合同纠纷如何处理？

解决商标合同纠纷的解决途径有：协商、调解、行政、仲裁和诉讼。其中通过合同当事人根据法律和合同的有关规定自行协商解决，或者通过调解，即由民间组织根据自愿和合法原则对合同当事人的纠纷加以解决，这两种方式最省事、最简便易行。而依据合同仲裁条款或事后达成的仲裁协议来解决纠纷的方式，较之向法院起诉来讲，也利于案件的迅速解决和减少解决费用。通过诉讼解决虽然耗时长、费用高，但却是解决合同纠纷的一种最重要、最权威的途径。

91. 商标与企业名称发生冲突，法院如何处理？

商标与企业名称冲突纠纷，从侵权人的行为性质看，主要是借助于合法形式侵害他人商誉，使消费者对商品或服务的来源以及不同经营者之间具有的关联关系产生混淆误认，故一般属于不正当竞争纠纷。将与他人注册商标相同或者近似的文字作为企业的字号在相同或者类似商品上单独或者突出使用，容易使相关公众产生误认的，属于侵犯他人注册商标专用权的行为。法院将依照诚实信用、禁止混淆和保护在先权利的原则处理。一方面，法院将按照诚实信用原则查清是否有恶意侵权或者不正当竞争行为的存在，制裁违法行为，维护当事人的合法权益。另一方面，如果商标权与企业名称同为合法权益，当两种合法权利发生冲突时，法院将按照禁止混淆和保护在先权利的原则处理。

92. 商标与他人著作权发生冲突，如何处理？

《商标法》和《商标法实施细则》明文规定保护合法的在先权利。如果相对于商标权，著作权权利产生在先，商标权人将与他人在先著作权相同或近似的标识申请注册商标的著作权人及著作权利害关系人可以向人民法院起诉或向商标主管机关申请无效或者异议该注册商标。

93. 商标与他人外观设计专利相冲突，如何处理？

商标权与他人外观设计专利相冲突，实际包含两种情况。一是外观设计专利权人未经商标权人许可，使用了与他人注册商标相同或近似的文字、图形，侵犯了他人在先的商标权。根据《专利法》第 23 条的规定，授予专利权的外观设计，不得与他人的在先取得的合法权利相冲突。商标权人可以据此凭借权利证明向国家知识产权局申请宣告该外观设计专利无效。二是商标权人使用了与他人相同或相近似的外观设计专利，从而引起相互混淆、误认的后果，侵犯了他人在先的外观设计专利权。外观设计专利权人可以根据《商标法》第 32 条中的有关不得与他人在先取得的合法权利相冲突的规定，向国家知识产权局申请异议或者无效该商标。

94. 商标与域名相冲突的表现形式？如何处理？

域名与商标冲突的主要表现形式有：（1）域名注册人将他人在先注册的商标注册为域名。（2）商标权人将其商标注册为域名，但阻碍了其他在不同商品或服务持有相同或近似商标的所有人以及不同地域的相同商标所有人将该商标注册为域名的权利。这是由于商标具有地域性，而且用于不同商品和服务的商标在注册时是允许相同的，而域名在全球具有唯一性，不可避免造成有多个合法的商标所有者但却只有一个与商标一致的域名可供注册。（3）将他人的知名域名注册为商标。（4）商标权人对域名的反向侵夺。商标权人不合理地扩大自己的商标专用权，要求域名注册人将其合法拥有的与商标相同或相似的域名放弃或转让给商标权人的行为。

处理方式：（1）双方当事人通过协商自行解决。（2）请求域名争议解决机构处理。我国的域名争议解决机构为中国国际经济贸易仲裁委员会域名争议解决中心，它是由中国互联网络信息中心认可并授权的。（3）可以依据《最高人民法院关于审理涉及计算机网络域名民事纠纷案件适用法律若干问题的解释》《最高人民法院关于审理商标民事纠纷案件适用法律若干问题的解释》《反不正当竞争法》的相关规定向人民法院起诉。

95. 组合商标中的一部分被他人使用,是否侵权?

组合商标是指用文字、图形、字母、数字、三维标志、颜色组合和声音等要素中任何两种或两种以上的要素组合而成的商标。根据我国相关法律规定,行为人具有攀附商标权人商誉的主观故意,即使仅使用组合商标中的部分内容,但足以引起消费者混淆、误认的,构成商标侵权。

96. 企业应如何应对商标抢注?

商标抢注的情形有以下几种:

(1)抢注对象为在先使用在同一种或者类似商品/服务上并有一定影响的未注册商标。

(2)复制、摹仿或者翻译他人已经注册的驰名商标在不相同或者不类似的商品上申请注册。

(3)复制、摹仿或者翻译他人未注册的驰名商标在相同或者类似商品上申请注册。

(4)未经授权,代理人或者代表人以自己的名义将被代理人或者被代表人的商标进行注册。

(5)除代理、代表关系以外,具有合同关系、业务往来关系或者其他关系而明知他人商标存在,就同一种商品或者类似商品申请注册的商标与他人在先使用的未注册商标相同或者近似。

(6)将他人享有的在先权利申请注册。

包括将他人外观设计专利、企业名称、著作权等在先权利作为商标申请注册的行为。对他人的商标抢注行为,企业应当对自己使用的商标积极进行注册,防患于未然;同时在发现抢注行为时,可以与对方进行商谈,可以向国家知识产权局提出异议或者请求宣告无效。

97. 驰名商标有哪些特殊保护？

根据《驰名商标认定和保护规定》，驰名商标是指在中国为相关公众广为知晓的商标。驰名商标的保护措施有：

（1）未在中国注册的驰名商标：就相同或者类似商品申请注册的商标是复制、摹仿或者翻译他人未在中国注册的驰名商标，容易导致混淆的，不予注册并禁止使用。

（2）已在中国注册的驰名商标：就不相同或者不相类似商品申请注册的商标是复制、摹仿或者翻译他人已经在中国注册的驰名商标，误导公众，致使该驰名商标注册人的利益可能受到损害的，不予注册并禁止使用。同时，已经注册的商标，违反《商标法》第13条第2款和第3款规定的，自商标注册之日起5年内，在先权利人或者利害关系人可以请求宣告该注册商标无效。对恶意注册的，驰名商标所有人不受5年的时间限制。

（3）商标所有人认为他人将其驰名商标作为企业名称登记，可能欺骗公众或者对公众造成误解的，可以向企业名称登记主管机关申请撤销该企业名称登记。企业名称登记主管机关应当依照《企业名称登记管理规定》处理。另外，《商标法》第14条第5款规定，生产、经营者不得将"驰名商标"字样用于商品、商品包装或者容器上，或者用于广告宣传、展览以及其他商业活动中。违反规定的，由地方工商行政管理部门责令改正，处10万元罚款。

98. 注册商标专用权被侵犯，可以通过哪些方式维权？

（1）引起纠纷的，当事人可以协商解决；

（2）不愿协商或者协商不成的，商标注册人或者利害关系人可请求调解组织进行调解；

（3）不愿协商或协商、调解不成的，商标注册人或者利害关系人也可以请求工商行政管理部门处理；

(4) 不愿协商或协商、调解不成的，商标注册人或者利害关系人可以依照《民事诉讼法》向人民法院起诉。

99. 投诉他人侵犯商标权，应提交的材料？

商标权利人需提供相关材料：
（1）合法的主体资格和商标注册证明；
（2）具体的投诉对象、侵权事实、法律依据、法律诉求；
（3）必要的侵权证据，包括侵权实物、商标标识、有关票据和照片等。

100. 注册商标专用权被侵害时，哪些人可以提起侵权诉讼？

注册商标专用权被侵害时，除商标注册人外，独占使用许可合同的被许可人可以向人民法院提起诉讼。其既可以自己的名义独立提起侵权诉讼，也可与商标权人共同提起侵权诉讼。排他使用合同的被许可人可以和商标注册人共同起诉，也可以在商标注册人不起诉的情况下，自行提起诉讼。普通使用许可合同的被许可人经商标注册人明确授权，可以提起诉讼，但必须提供商标注册人的授权证据。

101. 侵犯商标权的赔偿数额如何确定？

《商标法》第63条规定，侵犯商标专用权的赔偿数额，按照权利人因被侵权所受到的实际损失确定；实际损失难以确定的，可以按照侵权人因侵权所获得的利益确定；权利人的损失或者侵权人获得的利益难以确定的，参照该商标许可使用费的倍数合理确定。对恶意侵犯商标专用权，情节严重的，可以在按照上述方法确定数额的1倍以上3倍以下确定赔偿数额。赔偿数额应当包括权利人为制止侵权行为所支付的合理开支。

人民法院为确定赔偿数额，在权利人已经尽力举证，而与侵权行为相关的账簿、资料主要由侵权人掌握的情况下，可以责令侵权人提供与侵权行为相关的账簿、资料；侵权人不提供或者提供虚假的账簿、资料的，人民法院可以参考权利人的主张和提供的证据判定赔偿数额。

权利人因被侵权所受到的实际损失、侵权人因侵权所获得的利益、注册商标许可使用费难以确定的，由人民法院根据侵权行为的情节判决给予 500 万元以下的赔偿。

著作权篇

一、概述

1. 著作权法保护的作品有哪些构成要件？

著作权，即版权，指作者（法人或非法人单位、自然人）对其创作的作品所享有的专有权利。著作权法保护的作品必须具备以下三个要件：（1）应当是在文学、艺术、科学领域内思想或感情的表达；（2）应当具有独创性或原创性；（3）具有可复制再现性，作品的表现形式应当符合法律的规定。

2. 什么是作品的独创性？是否所有作品都有著作权？

作品的独创性，又称为作品的原创性，是指作者在创作作品的过程中投入了某种智力性的劳动，创作出来的作品具有的最低限度创造性。独创性是作品获得著作权保护的必要条件，只有具有独创性的作品才能获得著作权法的保护。

3.《著作权法》规定的作品种类有哪些？

我国《著作权法》第3条规定的作品一共有九类，即以下列形

式创作的文学、艺术和自然科学、社会科学、工程技术等作品:

(1) 文字作品;

(2) 口述作品;

(3) 音乐、戏剧、曲艺、舞蹈、杂技艺术作品;

(4) 美术、建筑作品;

(5) 摄影作品;

(6) 电影作品和以类似摄制电影的方法创作的作品;

(7) 工程设计图、产品设计图、地图、示意图等图形作品和模型作品;

(8) 计算机软件;

(9) 法律、行政法规规定的其他作品。

4. 哪些作品不适用著作权法保护?

根据《著作权法》第5条规定,不受著作权法保护或不适用于著作权法的作品有:(1) 法律、法规,国家机关的决议、决定、命令和其他具有立法、行政、司法性质的文件及其官方正式译文;(2) 时事新闻;(3) 历法、通用数表、通用表格和公式。

5. 我国《著作权法》保护外国人创作的作品吗?

为了促进国际文化、科技交流,我国《著作权法》第2条和《著作权法实施条例》规定了对外国人的作品予以保护的几种情况:

(1) 外国人、无国籍人的作品根据其作者所属国或者经常居住地国同中国签订的协议或者共同参加的国际条约享有的著作权,受我国《著作权法》保护。

(2) 外国人、无国籍人的作品如果首先在中国境内出版的,则依我国《著作权法》享有著作权。该类作品的著作权自首次出版之日起受我国《著作权法》保护。外国人、无国籍人的作品在中国境外首先出版后,30日内在中国境内出版的,视为该作品同时在中国境内出版。

（3）未与中国签订协议或者共同参加国际条约的国家的作者以及无国籍人的作品，首次在中国参加的国际条约的成员国出版的，或者在成员国和非成员国同时出版的，受我国《著作权法》保护。

6. 著作权人的范围是什么？

根据《著作权法》第 9 条的规定，著作权人包括（1）作者；（2）其他依照《著作权法》享有著作权的公民、法人或者其他组织。也就是说，著作权人不仅仅是作者，作者以外的公民、法人或者其他组织也可以依照《著作权法》的规定成为著作权人。

7. 著作权包括哪些权利？

根据《著作权法》第 10 条规定，著作权主要包括人身权和财产权。人身权主要包括：发表权、署名权、修改权、保护作品完整权；财产权主要包括：复制权、发行权、出租权、展览权、表演权、放映权、广播权、信息网络传播权、摄制权、改编权、翻译权、汇编权；还有其他应当由著作权人享有的权利。

8. 什么是著作权的邻接权？

我国《著作权法》称之为"与著作权有关的权利"，通常是指出版者、表演者、录音录像制作者和广播电视组织对其出版活动、表演活动、录音录像制品和广播电视节目享有的一种类似著作权的权利。

9. 什么是信息网络传播权？

信息网络传播权是以有线或者无线方式向公众提供作品，使公众可以在其个人选定的时间和地点获得作品的权利。

二、创造

10. 著作权何时产生？是否必须履行登记手续？

我国《著作权法实施条例》第 6 条规定："著作权自作品创作完成之日起产生"。因此，在我国著作权自动取得，以作品创作完成之日作为著作权的取得之日。根据我国《著作权法》以及保护著作权的国际公约的有关规定，著作权是基于作品的创作完成而自动产生的，著作权的获得不需要经过任何机构或者部门审查批准，也不以履行登记手续为必要产生条件。

11. 著作权登记的受理部门是哪里？

中国版权保护中心是我国主要受理著作权登记的部门。著作权人可以到中国版权保护中心登记大厅进行办理登记业务，或通过邮寄方式向中国版权保护中心著作权登记部门提交登记申请材料办理（地址：北京市西城区天桥南大街 1 号天桥艺术大厦 A 座三层；电话：010 - 68003887）。

此外，著作权人还可以向地方著作权管理部门进行著作权登记。如，北京地区的著作权人还可以到中国版权保护中心雍和版权登记大厅进行著作权登记（地址：北京市东城区北安定门东大街 28 号雍和大厦西楼一层；电话：010 - 83197930）。

12. 著作权登记的流程是什么？

著作权登记流程为：

申请人提交登记申请材料→登记机构核查接收材料→通知缴费→申请人缴纳登记费用→登记机构受理申请→审查→制作发放登记证书→公告。

13. 如何办理著作权登记簿的副本？

只有计算机软件才可以申请著作权登记簿的副本。

具体流程为：在申请计算机软件登记的申请表中可以勾选副本，如果当时没有勾选而后期又要副本的，可以通过补办的形式取得。

14. 如何查询软件著作权登记档案？

（1）办理查询所需提交材料：①查询申请表；②登记证书复印件；③查询人执照副本复印件（查询人是个人的提交身份证复印件）；④经办人身份证复印件等。如果是代理公司提交，除上述材料外，另需出示授权委托、代理公司的营业执照副本复印件、经办人身份证复印件（上述文件均需签章）。

注意事项：①以办理登记变更为目的的查询，如果是公司名称变更还需提供工商行政管理机关的变更证明复印件，提交变更后的营业执照；②以办理著作权转让为目的的查询还需提交双方著作权人执照副本复印件；③调取原始档案的查询还需登记证书原件和调档说明（写清调档原因及用途）并加盖公章。

（2）查询申请表的使用对象

该申请表是软件著作权登记信息查询情况的记载，由软件著作权登记信息查询人填写使用。

（3）申请查询软件著作权登记信息时，申请表应当在线打印，勿擅自更改表格格式。

（4）查询类型的填写

选择一般查询：单位查询的，需要附具查询单位的介绍信；个人查询的，需要附具个人身份证明的复印件，如居民身份证、护照等。著作权人或其代理人复印原始登记文件的，还需要出示原著作权登记证书。

选择公检法调档查询：提交单位介绍信、办事人员的工作证及单位公函原件。

选择司法机关查封登记：提交单位介绍信、办事人员的工作证及单位公函原件。

选择司法机关解封登记：提交单位介绍信、办事人员的工作证及单位公函原件。

（5）查询人信息栏的填写（所提供的通信地址应准确，以便于迅速投递）：①查询申请人是个人的，应写出姓名、身份证号（护照号）、联系地址、邮政编码、电话、传真号及电子邮箱；②查询申请人是法人或者其他组织的，联系人单位一栏填写法人和其他组织的全称、联系地址、邮政编码、电话、传真号，并指定专人作为联系人，填写联系人的姓名及身份证件号及电子邮箱。

（6）查询事项栏的填写

查询目的：注明查询登记资料的目的。如购买软件、处理纠纷、核实登记情况等。

查询内容：注明要查询的软件著作权登记号、软件名称等关键字，以及需要了解或摘抄的内容。

（7）申请人或代理人信息栏内的详细地址，请务必填写准确的实际联系地址，以便中国版权保护中心邮寄证书或其他书面邮件。

（8）为提高工作效益，缩短工作周期，中国版权保护中心办理登记过程中的各类通知（如补正通知书、缴费通知书等）将主要以电子邮件方式通知申请人。申请人在填写申请表时应提供真实、准确的电子邮箱地址。

（9）查询需 10 个工作日，查询结果出来后，以电子邮件的方式通知缴费。咨询电话：010 - 68003887 转 7050。

15. 办理作品著作权登记需要提交哪些材料？

办理作品著作权登记需要提交的材料有：

（1）作品著作权登记申请表；

（2）申请人身份证明文件复印件；

（3）权利归属证明文件；

（4）作品的样本（可以提交纸介质或者电子介质作品样本）；

（5）作品说明书（请从创作目的、创作过程、作品独创性三方面写，并附申请人签章，标明签章日期）；

（6）委托他人代为申请时，代理人应提交申请人的授权书（代理委托书）及代理人身份证明文件复印件。

16. 办理软件著作权登记需要提交哪些材料？

根据《计算机软件著作权登记办法》规定，软件著作权登记申请文件应当包括：软件著作权登记申请表、软件的鉴别材料和相关的证明文件各一式一份。如在登记大厅现场办理的，还需出示办理人身份证明原件，否则将不予办理。

需要注意的是鉴别材料的交存方式：

（1）一般交存：源程序和文档应提交前、后各连续 30 页，不足 60 页的，应当全部提交；

（2）例外交存：请按照《计算机软件著作权登记办法》第 12 条规定的方式之一提交软件的鉴别材料。

17. 停征软件著作权登记缴费的依据是什么？

按照财政部《关于清理规范一批行政事业性收费有关政策的通知》（财税〔2017〕20 号）要求，中国版权保护中心自 2017 年 4 月 1 日起停止执收软件著作权登记费。

18. 外国人或单位如何登记作品著作权？

外国人或单位在我国申请作品著作权登记时依据国民待遇原则，与我国公民所需登记材料一致，外文资料需提交中文翻译件

(作品样本除外)。

19. 著作权登记的费用是多少?

著作权登记费用如下表所示:

收费项目	计价单位	收费标准(元)	备注
文字、口述作品	件	100 字以下 100 元 101～5000 字 150 元 5001～10000 字 200 元 10000 字以上 300 元	系列作品登记第二件起每件 100 元
音乐作品	件	词曲 300 元,曲 200 元	系列作品登记第二件起每件 100 元
戏剧作品	件	300 元	系列作品登记第二件起每件 100 元
曲艺作品	件	300 元	系列作品登记第二件起每件 100 元
舞蹈作品	件	300 元	系列作品登记第二件起每件 100 元
杂技作品	件	300 元	系列作品登记第二件起每件 100 元
美术作品	件	300 元	系列作品登记第二件起每件 100 元
摄影作品	件	300 元	系列作品登记第二件起每件 100 元
工程设计图	件	500 元	系列作品登记第二件起每件 100 元
产品设计图	件	500 元	系列作品登记第二件起每件 100 元
地图	件	500 元	系列作品登记第二件起每件 100 元
示意图	件	500 元	系列作品登记第二件起每件 100 元
模型作品	件	500 元	系列作品登记第二件起每件 100 元
建筑作品	件	1500 元	系列作品登记第二件起每件 100 元
变更登记	次	按照申请登记收费标准的 50% 收取	
撤销登记	次	80 元	
补办证书	次	按工本费 50 元/个收取	

续表

收费项目		计价单位	收费标准（元）	备注
其他类型的登记	电影作品	件	2000元	系列作品登记第二件起每件100元
	类似摄制电影方法创作完成的作品	件	超短片<1分钟 200元	系列作品登记第二件起每件50元
			1~5分钟 300元	系列作品登记第二件起每件50元
			5~10分钟 400元	系列作品登记第二件起每件100元
			10~25分钟 800元	系列作品登记第二件起每件200元
			25~45分钟 1000元	系列作品登记第二件起每件300元
			超过45分钟 2000元	系列作品登记第二件起每件400元
			电视剧100元/集	
	汇编作品	件	2000元	系列作品登记第二件起每件100元
	多媒体汇编作品	件	2000元	系列作品登记第二件起每件100元
	其他作品	件	2000元	系列作品登记第二件起每件100元
	查询登记	件	200元	
	录音作品	件	歌曲300元/首，专辑2000元	系列作品协商确定
			其他半小时以内 300元	
			半小时以上 500元	
	录像作品	件	半小时以内 300元	系列作品协商确定
			每多半小时加100元	
	版式设计	件	500元	系列作品协商确定
	广播电视节目	件	半小时以内 300元	系列作品协商确定
			半小时~1小时 500元	
			1小时以上 800元	
	表演	件	按照表演作品的类型著作权登记收费标准执行	系列作品协商确定

续表

收费项目		计价单位	收费标准（元）	备注
其他类型的登记	复制登记档案材料	页/张	A4纸1元/页 光盘10元/张	其他纸张视具体情况确定收费数额
	证书邮寄费	件	挂号信（1~4个证书）15元 挂号信（5~30个证书）20元 挂号信（30个以上证书），每增加1~30个证书的，在20元的基础上多收20元 EMS（邮寄到中国大陆各省市区）22元/件	挂号信中的证书数量以同一著作权人同一次提交的申请表件数相加确定 邮寄到我国港澳台地区及国外的EMS视具体地区确定收费数额

注：本表内容系2018年10月26日修订后的版本。

20. 作品著作权登记的办理时限是多长？

一般著作权登记部门应自受理著作权人登记申请后30个工作日办理完成著作权登记。需要补正材料的，申请人自接到补正通知书后60天内完成补正，登记机构自收到符合要求的补正材料后30个工作日办理完成。

21. 著作权的保护期限是多长？

著作权包括人身权利和财产权利。根据《著作权法》第20条规定，人身权中的署名权、修改权和保护作品完整权，是与特定的人身相联系的权利，不因人的死亡而消失，因此受到法律永久保护，没有时间的限制。

人身权中的发表权与著作权中的财产权利保护期相同。根据《著作权法》第21条规定，具体保护期如下：

（1）作者为公民的期限为作者有生之年及死亡后50年，截止于作者死亡后第50年的12月31日；如果是合作作品，截止于最后死亡的作者死亡后第50年的12月31日。

（2）作者为法人和其他组织的保护期为50年，截止于作品首次发表后第50年的12月31日；但作品自创作完成后50年内未发表的，著作权法不再保护。

（3）电影作品和以类似摄制电影的方法创作的作品、摄影作品的保护期为50年，截止于作品首次发表后第50年的12月31日；但作品自创作完成后50年内未发表的，著作权法不再保护。

（4）作者身份不明的作品，其著作权中的财产权利的保护期截止于作品首次发表后第50年的12月31日。如在50年内确定了作者，则其著作权的保护期按所述之规定。

22. 如何查询作品著作权登记信息？

（1）通过中国版权保护中心官方网站查询：

作品登记证书制作完成后的第二天，就可以在中国版权保护中心网站查询到该作品的基本登记信息。

（2）通过中国版权保护中心官方微信：中国版权服务（ID：CPCC1718）的微平台-作品著作权登记公告查询进行查询。

23. 著作权登记的作用是什么？

我国著作权登记采取自愿登记原则，不具有强制性，也不是取得著作权的前提条件。但是通过著作权登记可以公示著作权的状态，有效维护著作权人和作品使用者的合法权益。如，在发生著作权争议时，著作权登记证书是证明享有权利的较有力的证据，可以方便权利人向人民法院提起诉讼。此外，在行使著作权或者进行著作权交易时,如许可他人出版或者转让著作权等,使用著作权登记证书作为权利证明,更有利于交易的顺利完成。

三、运用

24. 如何进行著作权许可使用?

著作权人许可他人使用其作品的,应当与被许可人订立许可使用合同,但《著作权法》规定可以不经许可的除外。许可使用的权利是专有使用权的,应当采取书面形式,但是报社、期刊社刊登作品除外。

专有使用权的内容由合同约定,合同没有约定或者约定不明的,视为被许可人有权排除包括著作权人在内的任何人以同样的方式使用作品;除合同另有约定外,被许可人许可第三人行使同一权利,必须取得著作权人的许可。

25. 著作权许可使用合同一般包括哪些内容?

根据《著作权法》第24条规定,著作权许可使用合同主要包括下列内容:(1)许可使用的权利种类;(2)许可使用的权利是专有使用权或者非专有使用权;(3)许可使用的地域范围、期间;(4)付酬标准和办法;(5)违约责任;(6)双方认为需要约定的其他内容。

26. 著作权许可使用合同主要包括哪些类型?

著作权许可使用合同主要包括以下几种:

(1)出版合同:是指著作权人与图书出版者订立的出版图书的协议。该类合同既可以就已完成的作品订立,也可以就尚未完成的作品订立。

（2）表演合同：是指著作权人与表演者订立的许可表演其作品的合同。

（3）录制合同：是指著作权人与录制者之间订立的关于将作品录制成录音录像制品的合同。

（4）播放合同：是指著作权人与广播电视台、电视台等媒体订立的，许可其播放自己的作品的合同。

（5）信息网络传播合同：是指著作权人许可网络经营者将其以非数字化形式创作的作品上传到网络上进行传播的合同。

（6）改编、翻译、注释、整理合同：是指著作权人许可他人改编、翻译、注释、整理而订立的合同。

27. 如何进行著作权转让？

根据《著作权法》第25条的规定，转让著作权相关权利，应当订立书面合同。著作权转让并不以办理著作权登记手续为生效要件。但经过登记的著作权转让在发生权属争议时，可以对抗第三方。

28. 著作权转让合同一般包括哪些内容？

根据《著作权法》第25条规定，著作权转让合同一般应当包括下列主要内容：

（1）作品的名称；

（2）转让的权利种类、地域范围；

（3）转让价金；

（4）交付转让价金的日期和方式；

（5）违约责任；

（6）双方认为需要约定的其他内容。

29. 当事人在履行著作权许可使用合同和著作权转让合同时应当注意哪些问题？

依法订立的著作权许可使用合同和著作权转让合同具有法律效力，双方当事人应当认真按照合同中约定的条款履行，不履行或者不适当履行合同的，都必须承担相应的法律责任。当事人在履行合同的过程中，还必须注意我国《著作权法》的有关规定。

《著作权法》第 27 条规定，许可使用合同和转让合同中著作权人未明确许可、转让的权利，未经著作权人同意，另一方当事人不得使用。第 29 条规定，出版者、表演者、录音录像制作者、广播电台、电视台等依照《著作权法》有关规定使用他人作品的，不得侵犯作者的署名权、修改权、保护作品完整权和获得报酬的权利。这要求作品使用者在使用作品时，必须署上作者的名字。作品的实质性修改只能由作者本人进行，作品使用者，比如出版社只可以对作品中的错别字、明显的语法错误、历史年代错误、标点符号错误等进行修改，不得对作品的主要内容进行修改，更不得篡改或者歪曲作品。使用作品后，必须及时按照合同的约定向著作权人支付报酬。对于著作权人未明确许可使用或者转让的权利，他人不得随意行使，否则将要承担相应法律责任。

30. 如何进行著作权质押？

根据《著作权法》第 26 条的规定，以著作权出质的，出质人和质权人应当订立书面质押合同，并共同依国家版权局颁布的《著作权质权登记办法》向国家版权局办理著作权质权登记。出质人和质权人可以自行办理，也可以委托代理人办理。著作权出质期间，未经质权人同意，出质人不得转让或者许可他人使用已经出质的权利。出质人转让或者许可他人使用出质的权利所得的价款，应当向质权人提前清偿债务或者提存。

著作权出质期间，申请人的基本信息、著作权的基本信息、担保的债权种类及数额、担保的范围等事项发生变更的，申请人持变更协议、原《著作权质权登记证书》和其他相关材料向登记机构申请变更登记。申请变更登记的，登记机构自受理之日起 10 日内完成审查。经审查符合要求的，对变更事项予以登记。变更事项涉及证书内容变更的，应交回原登记证书，由登记机构发放新的证书。

申请注销质权登记的，应当提交注销登记申请书、注销登记证明、申请人身份证明等材料，并交回原《著作权质权登记证书》。登记机构应当自受理之日起 10 日内办理完毕，并发放注销登记通知书。

31. 著作权质权合同一般包括哪些内容？

著作权质权合同一般应当包括以下内容：
（1）出质人和质权人的基本信息；
（2）被担保的主债权种类、数额；
（3）债务人履行债务的期限；
（4）出质著作权的种类和保护期；
（5）质权担保的范围；
（6）质权担保的期限；
（7）当事人约定的其他事项。

质权合同自双方签字盖章后生效，但质权在办理质权登记后方正式生效。

32. 使用录音作品报酬的基本支付标准是什么？

根据国家版权局发布的《录音法定许可付酬标准暂行规定》第 2 条规定，录制发行录音制品采用版税的方式付酬，即录音制品批发份×版税率×录音制品发行数。

具体支付标准为：

（1）不含文字的纯音乐作品版税率为 3.5%；

（2）歌曲、歌剧作品版税率为 3.5%，其中音乐部分占版税所得的 60%，文字部分占版税所得的 40%；

（3）纯文字作品（含外国文字）版税率为 3%；

（4）国家机关通过行政措施保障发行的录音制品（如教材）版税率为 1.5%。

根据《录音法定许可付酬标准暂行规定》第 4 条规定，录音制品中涉及两个或两个以上作品的，按照版税的方式以及相对应的版税率计算出录音制品中所有作品的报酬总额，再根据每一作品在整个录音制品中所占时间比例，确定其具体报酬。

根据《录音法定许可付酬标准暂行规定》第 5 条规定，使用改编作品进行录音，依第 3 条和第 4 条的规定确定具体报酬后，向作品的著作权人支付 70%，向原作品著作权人支付 30%。原作品已超过著作权保护期或不适用著作权法的，只按上述比例向被录制作品的著作权人付酬。

33. 出版文字作品报酬的基本支付标准是什么？

根据《使用文字作品支付报酬办法》第 5 条规定，出版文字作品的基本稿酬标准和计算方法如下：

（1）原创作品：每千字 80～300 元，注释部分参照该标准执行。

（2）演绎作品：①改编：每千字 20～100 元；②汇编：每千字 10～20 元；③翻译：每千字 50～200 元。支付基本稿酬以千字为单位，不足千字部分按千字计算。

支付报酬的字数按实有正文计算，即以排印的版面每行字数乘以全部实有的行数计算。占行题目或者末尾排不足一行的，按一行计算。

诗词每十行按一千字计算，作品不足十行的按十行计算。辞书类作品按双栏排版的版面折合的字数计算。

34. 什么情况下不经著作权人许可，可以使用其作品，但应支付其报酬？

为实施九年制义务教育和国家教育规划而编写出版教科书，除作者事先声明不许使用的外，可以不经著作权人许可，在教科书中汇编已经发表的作品片段或者短小的文字作品、音乐作品或者单幅的美术作品、摄影作品，但应当按照规定支付报酬，指明作者姓名、作品名称，并且不得侵犯著作权人依照《著作权法》享有的其他权利。前款规定适用于对出版者、表演者、录音录像制作者、广播电台、电视台的权利的限制。

35. 什么情况下不经著作权人许可，可以使用其作品，也不必向其支付报酬？

根据《著作权法》第22条规定，在下列情况下可以不经著作权人许可使用其作品，同时也不必向其支付报酬，但应当指明作者姓名、作品名称，并且不得侵犯著作权人依照《著作权法》享有的其他权利：

（1）为个人学习、研究或者欣赏，使用他人已经发表的作品；

（2）为介绍、评论某一作品或者说明某一问题，在作品中适当引用他人已经发表的作品；

（3）为报道时事新闻，在报纸、期刊、广播电台、电视台等媒体中不可避免地再现或者引用已经发表的作品；

（4）报纸、期刊、广播电台、电视台等媒体刊登或者播放其他报纸、期刊、广播电台、电视台等媒体已经发表的关于政治、经济、宗教问题的时事性文章，但作者声明不许刊登、播放的除外；

（5）报纸、期刊、广播电台、电视台等媒体刊登或者播放在公众集会上发表的讲话，但作者声明不许刊登、播放的除外；

（6）为学校课堂教学或者科学研究，翻译或者少量复制已经发表的作品，供教学或科研人员使用，但不得出版发行；

（7）国家机关为执行公务在合理范围内使用已经发表的作品；

（8）图书馆、档案馆、纪念馆、博物馆、美术馆等为陈列或者保存版本的需要，复制本馆收藏的作品；

（9）免费表演已经发表的作品，该表演未向公众收取费用，也未向表演者支付报酬；

（10）对设置或者陈列在室外公共场所的艺术作品进行临摹、绘画、摄影、录像；

（11）将中国公民、法人或者其他组织已经发表的以汉语言文字创作的作品翻译成少数民族语言文字作品在国内出版发行；

（12）将已经发表的作品改成盲文出版。

前款规定适用于对出版者、表演者、录音录像制作者、广播电台、电视台的权利的限制。

36. 转载和摘编作品应当符合哪些条件？

我国《著作权法》第33条第2款规定，作品刊登后，除著作权人声明不得转载、摘编的以外，其他报刊可以转载或者作为文摘、资料刊登，但应当按照规定向著作权人支付报酬。

因此，转载和摘编作品应当符合下列条件：

（1）只有报社、杂志社可以转载和摘编作品；

（2）转载和摘编作品应当说明作品的名称、作者姓名和作品的出处；

（3）按照规定向著作权人支付报酬；

（4）如果著作权人在报纸、期刊首次刊登其作品时附带声明不得转载、摘编其作品的，其他报纸、期刊不得转载、摘编。

37. 投稿者与出版者之间主要存在哪些权利义务关系？

报刊的出版者大多通过著作权人主动投稿而获得。对于投稿，根据《著作权法》第33条第1款的规定，著作权人自稿件发出之日起15日内未收到报社通知决定刊登的，或者自稿件发出之日起30日内未收到杂志社通知决定的，可以将同一作品向其他报社、杂志社投稿。双方另有约定的除外。这促使报社、杂志社认真地、在法定期限内及时地处理稿件，对著作权人的投稿是否采用作出决定并及时通知著作权人，否则著作权人便可以自行向其他报社、杂志社投稿，较大限度地保护了投稿者的合法权益。

38. 著作权人与报社、期刊社之间主要存在哪些权利义务关系？

著作权人应当按照合同约定期限交付作品。图书出版者应当按照合同约定的出版质量、期限出版图书。图书出版者不按照合同约定期限出版，应当依照《著作权法》第54条的规定承担民事责任。

图书出版者重印、再版作品的，应当通知著作权人，并支付报酬。图书脱销后，图书出版者拒绝重印、再版的，著作权人有权终止合同。

39. 录音录像制作者的权利和义务是什么？

根据《著作权法》第40条规定，录音录像制作者使用他人作品制作录音录像制品，应当取得著作权人许可，并支付报酬。录音录像制作者使用改编、翻译、注释、整理已有作品而产生的作品，应当取得改编、翻译、注释、整理作品的著作权人和原作品著作权人许可，并支付报酬。录音制作者使用他人已经合法录制为录音制品的音乐作品制作录音制品，可以不经著作权人许可，但应当按照规定支付报酬；著作权人声明不许使用的不得使用。

根据《著作权法》第41条、第42条规定，录音录像制作者制作录音录像制品，应当同表演者订立合同，并支付报酬。录音录像制作者对其制作的录音录像制品，享有许可他人复制、发行、出租、通过信息网络向公众传播并获得报酬的权利；权利的保护期为50年，截止于该制品首次制作完成后第50年的12月31日。被许可人复制、发行、通过信息网络向公众传播录音录像制品，还应当取得著作权人、表演者许可，并支付报酬。

四、管理

40. 著作权归属的原则是什么？

根据《著作权法》第11条规定，著作权一般归属于作品的作者，但法律另有规定的除外。如电影作品的著作权由制片者享有；由他人执笔、本人审阅定稿并以本人名义发表的报告、讲话等作品，著作权归报告人或者讲话人所有。

在作品上署名的自然人、法人或者其他组织视为作品的作者，但有相反证明的除外。由于法人或者其他组织视为法人作品的作者，因此，法人作品的著作权一般属于创作该作品的法人或者其他组织。

41. 职务作品的著作权怎样确定归属？

根据《著作权法》第16条规定，职务作品指公民为完成法人或者其他组织的工作任务所创作的作品。一般情况下职务作品的著作权由作者享有，但法人或者其他组织有权在其业务范围内优先使用。作品完成2年内，未经单位同意，作者不得许可第三人以与单位使用的相同方式使用该作品。但是，对于主要利用法人或者其他组织的物质技术条件创作，并由法人或者其他组织承担责任的工程设计图、产品设计图、地图、计算机软件等职务作品，作者享有署名权，著作权的其他权利由法人或者其他组织享有，法人或者其他组织可以给予作者奖励。此外，作者与单位有合同约定的，按照约定确定著作权归属。

42. 委托作品的著作权怎样确定归属？

委托作品指接受他人委托创作的作品。根据《著作权法》第17条规定，受委托创作的作品，著作权的归属由委托人和受托人通过合同约定。合同未作明确约定或者没有订立合同的，著作权属于受托人。

43. 合作作品的著作权怎样确定归属？

合作作品指由两人以上合作创作的作品。根据《著作权法》第13条的规定，合作作品的著作权由合作作者共同享有。没有参加创作的人，不能成为合作作者。合作作品可以分割使用的，作者对各自创作的部分可以单独享有著作权，但行使著作权时不得侵犯合作作品整体的著作权。

44. 汇编作品的著作权怎样确定归属？

汇编作品是将两个以上的作品、作品的片断或者不构成作品的数据或者其他材料进行选择、汇集、编排而产生的新作品。汇编作品作为一个新创作的整体，由汇编人享有著作权。根据《著作权法》第14条规定，汇编人汇编有著作权的作品，应当经过原作品著作权人的许可，并支付报酬，在行使著作权时，不得侵犯原作品的著作权。汇编已过保护期的作品，也应当尊重原作品作者的人身权。在汇编作品由多个作者合作完成的情况下，对可以独立使用的作品部分，其作者对该部分享有著作权。

45. 演绎作品的著作权怎样确定归属？

演绎作品是在原有作品的基础上经过创造性劳动而派生出来的新作品，包括改编、翻译、注释、整理已有作品而产生的作品。根据《著作权法》第 12 条规定，演绎作品的著作权由演绎作品的作者享有，但行使著作权时不得侵犯原作品的著作权。演绎在著作权保护期内的原作品，需要征得原作者以及其他对原作品享有著作权的权利人的同意，并签订演绎合同，依照约定向原作者支付报酬。

46. 电影作品的著作权怎样确定归属？

根据《著作权法》第 15 条规定，电影作品和以类似摄制电影的方法创作的作品，其著作权由制片者享有，但编剧、导演、摄影、作词、作曲等作者享有署名权，并有权按照与制片者签订的合同获得报酬。电影作品和以类似摄制电影的方法创作的作品中的剧本、音乐等可以单独使用的，作品的作者有权单独行使其著作权。

47. 作者身份不明的作品的著作权怎样确定归属？

作者不明的作品是指无法确知作者真实身份的作品。作者身份不明的作品，由作品原件所有人行使除署名权以外的其他著作权；作者身份确定后，由作者或者其继承人行使著作权。

48. 软件著作权的归属原则是什么？

根据《计算机软件保护条例》第 9 条规定，在通常情况下，软件著作权一般归属于软件开发者享有。软件开发者是指实际组织开发、直接进行开发，并对开发完成的软件承担责任的法人或者其他组织；或者依靠自己具有的条件独立完成软件开发，对软件承担责任的自然人。

49. 合作开发软件的著作权怎样确定归属？

合作开发软件是指由两个以上的自然人、法人或者其他组织合作开发的软件。根据《计算机软件保护条例》第 10 条规定，合作开发的软件著作权归属由合作开发者签订书面合同约定。未签订合同或者合同未明确约定的，合作开发的软件可以分割使用的，开发者对各自开发的部分可以单独享有著作权。合作开发的软件不能分割使用的，由各合作开发者共同享有，通过协商一致行使；不能协商一致，又无正当理由的，任何一方不得阻止他方行使除转让权以外的其他权利，但是所得收益应当合理分配给所有合作开发者。

50. 委托开发软件的著作权怎样确定归属？

委托开发软件是指接受他人委托开发的软件。根据《计算机软件保护条例》第 11 条规定，委托开发软件的著作权归属由委托人与受托人签订书面合同约定；无书面合同或者合同未作明确约定的，著作权归受托人享有。

51. 职务开发软件的著作权怎样确定归属？

根据《计算机软件保护条例》第 13 条规定，职务开发软件是指：

（1）针对本职工作中明确指定的开发目标所开发的软件；

（2）开发的软件是从事本职工作活动所预见的结果或者自然的结果；

（3）主要使用了法人或者其他组织的资金、专用设备、未公开的专门信息等物质技术条件所开发并由法人或者其他组织承担责任的软件。

职务开发软件的著作权通常由该法人或者其他组织享有，该法人或者其他组织可以对开发软件的自然人进行奖励。

52. 权利人可以采取哪些措施保护信息网络传播权？

根据《信息网络传播权保护条例》第4条规定，为了保护信息网络传播权，权利人可以采取技术措施。任何组织或者个人不得故意避开或者破坏技术措施，不得故意制造、进口或者向公众提供主要用于避开或者破坏技术措施的装置或者部件，不得故意为他人避开或者破坏技术措施提供技术服务。但是，法律、行政法规规定可以避开的除外。

53. 企业有奖征集作品的著作权怎样确定归属？

企业有奖方式对外征集的作品，从实质上讲属于委托创作。双方对著作权归属有约定的从其约定。双方如无其他约定，征集作品若被采用，其著作权应由创作者享有，企业在约定的使用范围内享有使用作品的权利；双方没有约定使用范围的，企业可以在委托创作的特定目的范围内免费使用征集的作品。

54. 管理著作权的部门有哪些？

（1）国家版权局：主管全国的著作权（包括软件著作权）管理工作，包括：①查处在全国有重大影响的著作权侵权案件；②指导地方著作权行政管理部门工作等。

（2）地方著作权行政管理部门：各省、自治区、直辖市人民政府的著作权行政管理部门主管本行政区域的著作权管理工作。

55. 什么是著作权集体管理组织？

根据《著作权集体管理条例》第3条规定，著作权集体管理组织，是指为权利人的利益依法设立，根据权利人授权、对权利人的著作权或者与著作权有关的权利进行集体管理的社会团体。

56. 有哪些著作权集体管理组织？

目前我国著作权集体管理组织主要有：中国文字著作权协会、中国音乐著作权协会、中国音像著作权集体管理协会、中国摄影著作权协会、中国电影著作权协会。

57. 著作权集体管理组织的主要职能是什么？

著作权集体管理组织在权利人授权的基础上，以自己名义集中行使权利人的有关权利。主要职能包括：

（1）与使用者订立著作权或者与著作权有关的权利许可使用合同；

（2）向使用者收取使用费；

（3）向权利人转付使用费；

（4）进行涉及著作权或者与著作权有关的权利的诉讼、仲裁等。

58. 如何加入著作权集体管理组织？

著作权人可以与著作权集体管理组织以书面形式订立著作权集体管理合同，授权该组织对其依法享有的著作权或者与著作权有关的权利进行管理。权利人符合章程规定加入条件的，著作权集体管理组织应当与其订立著作权集体管理合同，不得拒绝。权利人与著作权集体管理组织订立著作权集体管理合同并按照章程规定履行相应手续后，即成为该著作权集体管理组织的会员。

59. 著作权如何继承？

根据《著作权法》第19条第1款的规定，著作权属于公民的，公民死亡后，其继承人依《继承法》的有关规定，对尚在著作权保护期间内的，即作者生前及死亡后 50 年之内的，获得被继承人的作品使用、发表、复制、发行、获得稿酬权等著作权中的财产权利。

根据《著作权法》第 19 条第 2 款规定，著作权属于法人或者其他组织的，法人或者其他组织变更、终止后，其在法定保护期内的著作权中的财产权利由承受其权利义务的法人或者其他组织享有；没有承受其权利义务的法人或者其他组织的，由国家享有。

五、保护

60. 判断著作权侵权的基本规则是什么？

判断著作权侵权的基本规则为："实质性相似 + 接触"原则。即判断涉嫌侵权人是否有机会实际或者可能接触作品，以及涉嫌侵权作品与在先作品进行内容比对是否与原作品实质相似。一般只有证明涉嫌侵权作品与受著作权保护的在先作品构成实质相似，同时作品权利人有证据表明涉嫌侵权人在此前具备了接触在先作品的机会或者已实际接触了原作品，才能判定为著作权侵权。

61. 侵犯著作权及著作权相关权利的行为主要有哪些？

根据《著作权法》第 47 条、第 48 条规定，侵犯著作权的行为主要包括：

（1）未经著作权人许可，发表其作品的；

（2）未经合作作者许可，将与他人合作创作的作品当作自己单独创作的作品发表的；

（3）没有参加创作，为谋取个人名利，在他人作品上署名的；

（4）歪曲、篡改他人作品的；

（5）剽窃他人作品的；

（6）未经著作权人许可，以展览、摄制电影和以类似摄制电影的方法使用作品，或者以改编、翻译、注释等方式使用作品的，《著作权法》另有规定的除外；

（7）使用他人作品，应当支付报酬而未支付的；

（8）未经电影作品和以类似摄制电影的方法创作的作品、计算机软件、录音录像制品的著作权人或者与著作权有关的权利人许可，出租其作品或者录音录像制品的，《著作权法》另有规定的除外；

（9）未经出版者许可，使用其出版的图书、期刊的版式设计的；

（10）未经表演者许可，从现场直播或者公开传送其现场表演，或者录制其表演的；

（11）未经著作权人许可，复制、发行、表演、放映、广播、汇编、通过信息网络向公众传播其作品的，《著作权法》另有规定的除外；

（12）出版他人享有专有出版权的图书的；

（13）未经表演者许可，复制、发行录有其表演的录音录像制品，或者通过信息网络向公众传播其表演的，《著作权法》另有规定的除外；

（14）未经录音录像制作者许可，复制、发行、通过信息网络向公众传播其制作的录音录像制品的，《著作权法》另有规定的除外；

（15）未经许可，播放或者复制广播、电视的。

62. 侵犯著作权的赔偿数额如何确定？

根据《著作权法》第 49 条的规定，侵犯著作权或者与著作权有关的权利的，侵权人应当按照权利人的实际损失给予赔偿；实际损失难以计算的，可以按照侵权人的违法所得给予赔偿。赔偿数额还应当包括权利人为制止侵权行为所支付的合理开支。

权利人的实际损失或者侵权人的违法所得不能确定的,由人民法院根据侵权行为的情节,判决给予 50 万元以下的赔偿。

63. 侵犯著作权应承担哪些法律责任?

根据《著作权法》第 48 条第 1 款的规定,一般实施著作权侵权行为的,应当根据情况,承担停止侵害、消除影响、赔礼道歉、赔偿损失等民事责任;同时损害公共利益的,可以由著作权行政管理部门责令停止侵权行为,没收违法所得,没收、销毁侵权复制品,并可处以罚款;情节严重的,著作权行政管理部门还可以没收主要用于制作侵权复制品的材料、工具、设备等;构成犯罪的,依法追究刑事责任。

64. 何种行为属于侵犯信息网络传播权?

侵犯信息网络传播权的行为,主要是指未经许可通过信息网络擅自向公众提供他人的作品、表演、录音录像制品的行为。

65. 侵犯信息网络传播权应承担哪些责任?

根据《信息网络传播权保护条例》第 18 条第 1 款的规定,侵犯信息网络传播权的,侵权人根据情况承担停止侵害、消除影响、赔礼道歉、赔偿损失等民事责任;同时损害公共利益的,可以由著作权行政管理部门责令停止侵权行为,没收违法所得,并可处以 10 万元以下的罚款;情节严重的,著作权行政管理部门可以没收主要用于提供网络服务的计算机等设备;构成犯罪的,依法追究刑事责任。

66. "网络音乐"盗版下载的情形有哪些？构成何种侵权行为？

"网络音乐"下载侵权盗版的情形有：

（1）未经著作权人许可并且未支付任何报酬，在互联网上提供其音乐作品的试听、下载；

（2）超出著作权人许可的范围、数量、期限，在互联网上提供音乐作品的试听、下载；

（3）利用P2P等技术，将音乐作品上传到互联网上供不特定的用户下载。

上述行为属于通过信息网络擅自向公众提供他人的作品、表演、录音录像制品的侵犯信息网络传播权的行为。

67. 如何合法地传播"网络音乐"？

"网络音乐"已经制作为录音录像的，根据《著作权法》第42条的规定，录音录像制作者对其制作的录音录像制品，享有许可他人复制、通过信息网络向公众传播并获得报酬的权利；被许可人复制、通过信息网络向公众传播录音录像制品，还应当取得著作权人、表演者的许可，并且支付报酬。根据上述规定，要提供一首歌曲的网络下载，就需要获得录音制作者（通常是唱片公司）、词曲著作权人和表演者的许可，并支付报酬。因此，缺少任何一方的授权许可就提供网络下载，都是构成侵权的行为，需要承担相应的法律责任。

68. 广播电台、电视台及宾馆、餐厅、舞厅等场所未经许可播放他人音乐作品是否构成侵权？

《著作权法》第43条规定，广播电台、电视台播放他人未发表的作品，应当取得著作权人许可，并支付报酬。广播电台、电视台播放他人已发表的作品，可以不经著作权人许可，但应当支付报酬。第44条规定，广播电台、电视台播放已经出版的录音制品，可以不经著作权人许可，但应当支付报酬。当事人另有约定的除外。根据上述规定，广播电台、电视台、宾馆、餐厅、舞厅等场所播放他人未发表的作品，不仅应当取得著作权人许可，而且应当支付报酬，否则将构成侵权。

69. 网站未经许可将他人作品上传到网络是否构成侵权？

著作权人依法享有将作品通过网络向公众传播的权利，属于使用作品的方式之一，著作权人享有以该种方式使用或者许可他人使用作品，并由此获得报酬的权利。网站未经许可将他人作品上传到网上，侵犯了著作权人的信息网络传播权。

70. 企业使用盗版软件，应承担哪些责任？

企业用户使用盗版软件属于非法复制著作权人软件的侵权行为。但是能证明其合法来源的，使用者不承担赔偿责任，但应当停止侵权。

71. 企业未经许可使用他人图片，应承担哪些责任？

企业未经许可擅自对他人图片进行复制、使用等属于侵犯他人著作权的行为。应承担相应的民事责任。

72. 出版物侵犯他人著作权，谁应承担侵权责任？

出版者未尽到合理注意义务，出版的图书等出版物的内容侵犯他人著作权的，应当承担相应的侵权责任。

73. 因作品署名顺序发生纠纷，怎样处理？

许多单位有关奖励、专业职称评定等规定中，都要求必须是在作品或者研究成果上第一署名的作者才有资格参加评奖和专业职称评定。因此，两个以上的人合作创作的作品，经常发生署名顺序的争议。

根据有关司法解释的规定，因作品署名权顺序发生纠纷的，人民法院按照下列原则处理：有约定的按照约定署名顺序；没有约定的，可以按照创作作品付出的劳动、作品的排列、作者的姓氏笔画等确定署名顺序。

74. 著作权侵权中合法授权和合法来源的抗辩是什么？

根据《著作权法》第53条规定，复制品的出版者、制作者不能证明其出版、制作有合法授权的，复制品的发行者或者电影作品或者以类似摄制电影的方法创作的作品、计算机软件、录音录像制品的复制品的出租者不能证明其发行、出租的复制品有合法来源的，应当承担法律责任。因此，复制品的出版社、制作者能够证明具有合法授权，作品复制者、出租者能够证明有合法来源的，抗辩成立，不承担侵权赔偿责任。

75. 如何认定当事人是否享有著作权？

根据司法解释的相关规定，当事人向人民法院提起著作权等侵权诉讼，所提供的作品底稿、原件、合法出版物、著作权登记证书、认证机构出具的证明等，查证属实的，可以作为当事人享有著作权的初步证据，对方不能提供相反证据的，人民法院可以确认其享有著作权。

76. 权利人发现网络上有侵权内容，应当采取什么措施？

权利人认为网络服务提供者侵犯其著作权的，应当首先向该网络服务提供者提交书面通知，要求网络服务提供者删除该作品、表演、录音录像制品，或者断开与该作品、表演、录音录像制品的链接。因为在我国司法实践中，对网络环境下发生的著作权侵权行为，根据过错责任的归责原则来确定网络服务提供者是否应承担侵权责任，即承担侵权赔偿责任的前提是网络服务提供者对侵权行为主观上存在过错，也就是说网络服务提供者只在明知或者应知网络用户利用其提供的设施或服务从事著作权侵权行为的情况下，仍然提供网络传播服务时，才承担侵权责任。权利人首先通知网络服务提供者，可以有效对抗后续诉讼中网络服务提供者以"不知道"为由进行抗辩。

77. 权利人向网络服务提供者发出的通知书应当包含哪些内容？

根据《信息网络传播权保护条例》的规定，权利人向网络服务提供者发出的通知书应当包含下列内容：（1）权利人的姓名（名称）、联系方式和地址；（2）要求删除或者断开链接的侵权作品、表演、录音录像制品的名称和网络地址；（3）构成侵权的初步证明材料。权利人应当对通知书的真实性负责。

78. 法人作品著作权被侵犯，该如何进行维权？

提倡著作权人到版权行政部门进行作品登记。著作权受到侵犯后，著作权人首先要注意搜集和保存证据，然后向侵权行为实施地、侵权结果发生地、侵权复制品储藏地的版权行政管理部门投诉，版权部门对侵权行为立案查处。同时，著作权人可直接向侵权行为地或被告住所地等有管辖权的人民法院起诉。

79. 如何处理著作权与商标权之间的权利冲突？

在著作权法保护的作品被注册为商标时，如果权利人为同一主体，则不存在权利冲突。在著作权、商标权分别归属于两个以上不同的权利人，各自不能对权利范围达成一致时，会产生权利冲突。一般而言，注册为商标的作品的著作权早于商标权产生，是在先权利。根据我国《商标法》的规定，注册商标不得侵犯他人已经取得的在先权利。具体来说，如果在先权利人的著作权取得时间早于商标申请日，那么一般在先权利人可以阻止商标的注册。但是当著作权人不能提供证据证明其作品的完成时间早于商标注册申请日时，将难以阻止商标的注册。然而，如果在先权利人的著作权取得时间早于商标申请日，但是商标申请人能够提供证据证明自己的商标是独立创作完成的，则该商标可被核准注册，也就是著作权各自享有。

其他知识产权篇

一、商业秘密

1. 什么是商业秘密?

根据《反不正当竞争法》,商业秘密是指不为公众所知悉、具有商业价值并经权利人采取相应保密措施的技术信息和经营信息等商业信息。如管理方法、产销策略、客户名单、货源情报等经营信息;生产配方、工艺流程、技术诀窍、设计图纸等技术信息。

2. 如何证明某一技术措施属于商业秘密?

证明某一技术措施属于商业秘密,应从该技术措施是否为公众所知悉、是否能为权利人带来经济利益及权利人是否采取合理的保密措施三个方面综合进行。

(1) 证明技术措施具有秘密性。包括完全未公开过的信息,当然具有秘密性;而一项完整的信息,如仅被部分公开,则未公开的部分仍应为处于秘密状态的信息。信息仅在特定范围内公开,可根据具体情况确定该信息未丧失秘密性。如单位职工因业务需要掌握了该信息,不能认定向社会公开,仍认定其秘密性。

(2) 证明技术措施具有经济价值。可以结合技术与经营者经济利益的内在联系以及丧失其秘密性对经营者有无影响,能否为权利人的生产经营活动提供直接的、间接的帮助等诸因素进行认定。

（3）证明已对该技术采取合理保密措施。这一点可以根据所涉技术信息载体的特性、权利人保密的意愿、是否设立保密制度、他人通过正当方式获得的难易程度等方面进行证明。

3. 侵犯商业秘密的行为有哪些？

侵犯商业秘密的行为包括以下四类：

（1）以盗窃、贿赂、欺诈、胁迫、电子侵入或者其他不正当手段获取权利人的商业秘密；

（2）披露、使用或者允许他人使用以前项手段获取的权利人的商业秘密；

（3）违反保密义务或者违反权利人有关保守商业秘密的要求，披露、使用或者允许他人使用其所掌握的商业秘密；

（4）教唆、引诱、帮助他人违反保密义务或者违反权利人有关保守商业秘密的要求，获取、披露、使用或者允许他人使用权利人的商业秘密。

经营者以外的其他自然人、法人和非法人组织实施前款所列违法行为的，视为侵犯商业秘密。第三人明知或者应知商业秘密权利人的员工、前员工或者其他单位、个人实施前述第一类所列违法行为，仍获取、披露、使用或者允许他人使用该商业秘密的，视为侵犯商业秘密。

4. 企业应如何保护商业秘密？

在与员工订立劳动合同时约定保密条款，或在派遣员工进行项目设计时单独订立《保密协议》。制定保密制度，采取保密措施，如：限定涉密信息的知悉范围，只对必须知悉的相关人员告知其内容；对于涉密信息载体采取加锁等防范措施；在涉密信息的载体上标有保密标志；对于涉密信息采用密码或者代码等；对于涉密的机器、厂房、车间等场所限制来访者或者提出保密要求等。

5. 签署保密协议后，保密义务的期限如何界定？

我国法律对如何确定保密义务的期限目前未有明确规定，但根据《合同法》的诚实信用原则和劳动者对单位的忠实义务，保守商业秘密的义务属于法定的义务，权利人与义务人即使没有约定保密期限，只要该项商业秘密未被公开，仍然具有经济价值，且权利人对其采取了合理的保密措施，属于法律意义上的商业秘密，则知悉该商业秘密的单位和个人就应当继续履行保密义务，直到该项商业秘密公开为止，即当事人保密义务的期限与商业秘密的存续期限相同。在商业秘密保护期限内，劳动合同终止的，当事人仍负有保护该商业秘密的义务。但当事人另有约定的，按照其约定。

6. 企业在人员招聘时，如何避免招聘人员因违反保密义务给自己公司带来损失？

企业在人员招聘时，明确告知招聘人员有为原单位及本单位保守商业秘密的法定义务。形成书面协议或落实在劳动合同的具体条款中，由员工本人签字同意履行该项义务，并同时约定员工泄露企业商业秘密的违约责任。

7. 哪些人员负有法定保密义务？

根据我国《公司法》的规定，企业的董事、监事、高级管理人员负有不得泄露公司秘密的法定保密义务，擅自披露公司秘密取得的收入归公司所有；同时公司有权就其泄密行为向法院提起民事诉讼。

8. 什么是侵犯商业秘密罪？

侵犯商业秘密罪，是指以盗窃、利诱、胁迫或者其他不正当手段获取权利人的商业秘密，或者非法披露、使用或者允许他人使用其所掌握的或获取的商业秘密，给商业秘密的权利人造成重大损失的行为。侵犯商业秘密罪侵犯的客体既包括国家对商业秘密的管理制度，又包括商业秘密的权利人享有的合法权利。犯罪主体是一般主体，既包括自然人，也包括单位。《刑法》第219条规定：侵犯商业秘密给权利人造成重大损失的，处3年以下有期徒刑或者拘役，并处或者单处罚金；造成特别严重后果的，处3年以上7年以下有限徒刑，并处罚金。

9. 企业员工违反保密协议泄露商业秘密，应承担哪些责任？

《公司法》规定董事、监事、高管对公司负有忠实义务和勤勉义务，董事、高级管理人员违反忠实义务泄露商业秘密的，所获取的收入应当归入公司所有，同时公司有权利对其提起民事诉讼。企业普通员工违反保密协议或劳动合同中的保密条款，则应承担相应的违约责任或者侵权责任，单位可以就损失情况依据协议条款或者侵权责任要求员工进行赔偿。

10. 企业员工违反保密条款的举证责任如何分配？

员工违反保密条款要向企业承担责任，对企业因自身不履行义务造成的经济损失进行赔偿。但是员工不遵守合同义务的事实，应由用人单位负责举证。

11. 反向工程是否侵犯商业秘密？

反向工程是指通过技术手段对从公开渠道取得的产品进行拆

卸、测绘、分析等而获得的有关技术信息。在《最高人民法院关于审理不正当竞争民事案件应用法律若干问题的解释》中，首次明确规定：通过自行开发研制或者反向工程等方式获得的商业秘密，不认定属于反不正当竞争法有关条款规定的侵犯商业秘密行为。

12. 企业在对外交流合作中应采取哪些保密措施？

企业在对外交流合作中应注意采取措施保护自身商业秘密，主要方式有：

（1）对参观者：与参观者签订包含保密条款的《参观协议》，表明企业在参观者不当披露信息时，可以采取法律行动；

（2）对合作伙伴：①指定明确的秘密文件，并张贴标志；②双方签署传递信息的明细账；③口头传送信息的报告。

13. 商业秘密被泄露，应如何采取补救措施？

商业秘密被泄露后，权利人应采取如下措施进行补救：（1）立刻查找泄密方式并明确秘密泄露责任人；（2）完善相应保密制度；（3）向责任人追究民事赔偿责任，情节严重、给权利人造成巨大经济损失的追究其刑事责任。

14. 保密协议与竞业禁止协议是什么关系？

保密协议，一般约定企业员工未经授权不得向任何第三方披露企业的技术信息等商业秘密。负有保密义务的当事人违反协议约定，将保密信息披露给第三方，将要承担民事责任甚至刑事责任。竞业禁止是指根据法律规定或用人单位通过劳动合同和保密协议禁止劳动者在本单位任职期间同时兼职于与其所在单位有业务竞争的单位，或禁止他们在原单位离职后从业于与原单位有业务竞争的单位，包括创建与原单位业务范围相同的企业。企业有时也会把竞业禁止条款一并规定在保密协议之中。

保密协议一般仅明确约定员工违反保密义务的违约责任，因此无须企业提前支付保密费；而竞业禁止协议不仅要求离职员工对其所知悉的商业秘密保密，而且在最长不超过2年内禁止从事同类竞争业务，需要企业支付相应的经济补偿金。

15. 商业秘密是否可以许可他人使用？有什么注意事项？

商业秘密所有人可以将商业秘密全部或部分许可他人使用。许可时应注意对所属商业秘密的技术、经营信息的秘密性进行保护。与被许可人签订保密协议，约定未经权利人同意，被许可人不得将商业秘密以任何方式透露给第三方知道，或许可第三方使用，否则将承担相应法律责任。

16. 同一技术能否既申请专利，又通过商业秘密保护？

专利申请获得授权以公开技术信息为前提条件，而作为商业秘密保护的技术信息则要求具有不为公众所知悉的秘密性特征。因此，同一技术信息不可以同时进行专利保护和商业秘密保护。

17. 商业秘密被他人泄露或使用时，应如何举证？

商业秘密被他人泄露时，商业秘密权利人提供初步证据，证明其已经对所主张的商业秘密采取保密措施，且合理表明商业秘密被侵犯；涉嫌侵权人应当证明权利人所主张的商业秘密不属于《反不正当竞争法》规定的商业秘密。商业秘密权利人提供初步证据合理表明商业秘密被侵犯，且提供以下证据之一的，涉嫌侵权人应当证明其不存在侵犯商业秘密的行为：（1）有证据表明涉嫌侵权人有渠道或者机会获取商业秘密，且其使用的信息与该商业秘密实质上相同；（2）有证据表明商业秘密已经被涉嫌侵权人披露、使用或者有被披露、使用的风险;(3)有其他证据表明商业秘密被涉嫌侵权人侵犯。权利人可以求助于法院,向法院申请采取诉前或诉讼中的证据保全、现场勘验等措施以取得证据。

二、植物新品种

1. 什么是植物新品种?

植物新品种,是指经过人工培育的或者对发现的野生植物加以开发,具备新颖性、特异性、一致性和稳定性并有适当命名的植物品种。

2. 哪些部门负责植物新品种权的审批和管理?

国务院农业、林业行政部门(以下统称"审批机关")按照职责分工共同负责植物新品种权申请的受理和审查并对符合《植物新品种保护条例》(以下简称《条例》)规定的植物新品种授予植物新品种权(以下简称"品种权")。

省级以上人民政府农业、林业行政部门依据各自的职权,根据当事人自愿的原则,可以对侵害品种权所造成的损害赔偿进行调解。

省级以上人民政府农业、林业行政部门依据各自的职权处理品种权侵权案件时,为维护社会公共利益,可以责令侵权人停止侵权行为,没收违法所得和植物品种繁殖材料,并可处罚款。

县级以上人民政府农业、林业行政部门依据各自的职权对假冒授权品种的行为,责令停止假冒行为,没收违法所得和植物品种繁殖材料,并处罚款。

县级以上人民政府农业、林业行政部门依据各自的职权对销售授权品种未使用其注册登记的名称的行为,责令限期改正,并可处罚款。

3. 如何申请品种权？

中国的单位和个人申请品种权的，可以直接或者委托代理机构向审批机关提出申请。中国的单位和个人申请品种权的植物新品种涉及国家安全或者重大利益需要保密的，应当按照国家有关规定办理。外国人、外国企业或者外国其他组织在中国申请品种权的，应当按其所属国和中华人民共和国签订的协议或者共同参加的国际条约办理，或者根据互惠原则，依照条例办理。

申请品种权的，应当向审批机关提交符合规定格式要求的请求书、说明书和该品种的照片。申请文件应当使用中文书写。审批机关收到品种权申请文件之日为申请日；申请文件是邮寄的，以寄出的邮戳日为申请日。

4. 授予品种权的条件有哪些？

申请品种权的植物新品种应当属于国家植物品种保护名录中列举的植物的属或者种。植物品种保护名录由审批机关确定和公布。

授予品种权的植物新品种应当具备新颖性。新颖性，是指申请品种权的植物新品种在申请日前该品种繁殖材料未被销售，或者经育种者许可，在中国境内销售该品种繁殖材料未超过1年；在中国境外销售藤本植物、林木、果树和观赏树木品种繁殖材料未超过6年，销售其他植物品种繁殖材料未超过4年。

授予品种权的植物新品种应当具备特异性。特异性，是指申请品种权的植物新品种应当明显区别于在递交申请以前已知的植物品种。

授予品种权的植物新品种应当具备一致性。一致性，是指申请品种权的植物新品种经过繁殖，除可以预见的变异外，其相关的特征或者特性一致。

授予品种权的植物新品种应当具备稳定性。稳定性，是指申请品种权的植物新品种经过反复繁殖后或者在特定繁殖周期结束时，其相关的特征或者特性保持不变。

授予品种权的植物新品种应当具备适当的名称，并与相同或者相近的植物属或者种中已知品种的名称相区别。该名称经注册登记后即为该植物新品种的通用名称。

5. 植物新品种权的保护期限是多久？何种情形下会提前终止？

品种权的保护期限，自授权之日起，藤本植物、林木、果树和观赏树木为 20 年，其他植物为 15 年。

有下列情形之一的，品种权在其保护期限届满前终止：（1）品种权人以书面声明放弃品种权的；（2）品种权人未按照规定缴纳年费的；（3）品种权人未按照审批机关的要求提供检测所需的该授权品种的繁殖材料的；（4）经检测该授权品种不再符合被授予品种权时的特征和特性的。品种权的终止，由审批机关登记和公告。

6. 何种情况下使用授权品种，可以不经品种权人许可，不向其支付使用费？

在下列情况下使用授权品种的，可以不经品种权人许可，不向其支付使用费，但是不得侵犯品种权人依照条例享有的其他权利：（1）利用授权品种进行育种及其他科研活动；（2）农民自繁自用授权品种的繁殖材料。

7. 新品种命名应遵循哪些规定？

授予品种权的植物新品种应当具备适当的名称，并与相同或者相近的植物属或者种中已知品种的名称相区别。该名称经注册登记后即为该植物新品种的通用名称。

有下列情形之一的，不得用于新品种命名：（1）仅以数字组成的；（2）违反国家法律或者社会公德或者带有民族歧视性的；（3）以国家名称命名的；（4）以县级以上行政区划的地名或者公众知晓的外国地名命名的；(5）同政府间国际组织或者其他国际国内知名组织及标识名称相同或者近似的；（6）对植物新品种的特征、特性或者育种者的身份等容易引起误解的；（7）属于相同或相近植物属或者种的已知名称的；（8）夸大宣传的。

已通过品种审定的品种或获得《农业转基因生物安全证书（生产应用）》的转基因植物品种，如品种名称符合植物新品种命名规定，申请品种权的品种名称应当与品种审定或农业转基因生物安全审批的品种名称一致。

8. 侵犯植物新品种权的行为有哪些？

品种权人对其授权品种，享有排他的独占权。任何单位或者个人未经品种权人许可，不得生产、繁殖或者销售该授权品种的繁殖材料，不得为商业目的将该授权品种的繁殖材料重复使用于生产另一品种的繁殖材料。

在下列情况下使用授权品种的，可以不经品种权人许可，不向其支付使用费，但是不得侵犯品种权人依照条例享有的其他权利：（1）利用授权品种进行育种及其他科研活动；（2）农民自繁自用授权品种的繁殖材料。

9. 假冒授权品种行为应当承担什么责任？

假冒授权品种的，由县级以上人民政府农业、林业行政部门依据各自的职权责令停止假冒行为，没收违法所得和植物品种繁殖材料；货值金额5万元以上的，处货值金额1倍以上5倍以下的罚款；没有货值金额或者货值金额5万元以下的，根据情节轻重，处25万元以下的罚款；情节严重，构成犯罪的，依法追究刑事责任。

10. 侵犯品种权行为的救济途径？

未经品种权人许可，以商业目的生产或者销售授权品种的繁殖材料的，品种权人或者利害关系人可以请求省级以上人民政府农业、林业行政部门依据各自的职权进行处理，也可以直接向人民法院提起诉讼。

11. 侵犯品种权和假冒授权品种的法律后果？

侵犯品种权的，应向品种权人承担民事责任。省级以上人民政府农业、林业行政部门依据各自的职权，根据当事人自愿的原则，对侵权所造成的损害赔偿可以进行调解。调解达成协议的，当事人应当履行；调解未达成协议的，品种权人或者利害关系人可以依照民事诉讼程序向人民法院提起诉讼。

省级以上人民政府农业、林业行政部门依据各自的职权处理品种权侵权案件时，为维护社会公共利益，可以责令侵权人停止侵权行为，没收违法所得和植物品种繁殖材料；货值金额 5 万元以上的，可处货值金额 1 倍以上 5 倍以下的罚款；没有货值金额或者货值金额 5 万元以下的，根据情节轻重，可处 25 万元以下的罚款。

假冒授权品种的，由县级以上人民政府农业、林业行政部门依据各自的职权责令停止假冒行为，没收违法所得和植物品种繁殖材料；货值金额 5 万元以上的，处货值金额 1 倍以上 5 倍以下的罚款；没有货值金额或者货值金额 5 万元以下的，根据情节轻重，处 25 万元以下的罚款；情节严重，构成犯罪的，依法追究刑事责任。

三、集成电路布图设计

1. 什么是集成电路以及集成电路布图设计？

集成电路，是指半导体集成电路，即以半导体材料为基片，将至少有一个是有源元件的两个以上元件和部分或者全部互连线路集成在基片之中或者基片之上,以执行某种电子功能的中间产品或者最终产品。

集成电路布图设计,是指集成电路中至少有一个是有源元件的两个以上元件和部分或者全部互连线路的三维配置,或者为制造集成电路而准备的上述三维配置。

2. 如何登记集成电路布图设计?

国家知识产权局负责集成电路布图设计登记工作,申请人登记时应当提交以下材料:

(1) 布图设计登记申请表;

(2) 布图设计的复制件或者图样;

(3) 布图设计已投入商业利用的,提交4件含有该布图设计的集成电路样品;

(4) 国务院知识产权行政部门规定的其他材料。

3. 集成电路布图设计专有权的保护期限?

集成电路布图设计专有权的保护期为10年,自集成电路布图设计登记申请之日或者在世界任何地方首次投入商业利用之日起计算,以较前的日期为准。但是,无论是否登记或者投入商业利用,集成电路布图设计自创作完成之日起15年后,不再受《集成电路布图设计保护条例》保护。

4. 哪些行为属于侵犯集成电路布图设计专有权?

未经集成电路布图设计权利人许可,使用其集成电路布图设计,即侵犯其集成电路布图设计专有权。除《集成电路布图设计保护条例》另有规定的外,未经集成电路布图设计权利人许可,有以下行为之一的，行为人必须立即停止侵权行为，并承担赔偿责任：（1）复制受保护的集成电路布图设计的全部或者其中任何具有独创性的部分的；（2）为商业目的进口、销售或者以其他方式提供受保护的集成电路布图设计、含有该集成电路布图设计的集成电路或者含有该集成电路的物品的。

但以下情况除外：（1）为个人目的或者单纯为评价、分析、研究、教学等目的而复制受保护的集成电路布图设计的；（2）在依据前项评价、分析受保护的集成电路布图设计的基础上，创作出具有独创性的集成电路布图设计的；（3）对自己独立创作的与他人相同的集成电路布图设计进行复制或者将其投入商业利用的。

5. 未经登记的布图设计是否受《集成电路布图设计保护条例》保护？

集成电路布图设计专有权经国务院知识产权行政部门登记产生。未经登记的布图设计不受《集成电路布图设计保护条例》保护。

6. 何种情形下，可以不经布图设计权利人许可，不向其支付报酬？

实施以下三种行为可以不经布图设计权利人许可，并不向其支付报酬：

（1）为个人目的或者单纯为评价、分析、研究、教学等目的而复制受保护的布图设计的；

（2）在依据前项评价、分析受保护的布图设计的基础上，创作出具有独创性的布图设计的；

（3）对自己独立创作的与他人相同的布图设计进行复制或者将其投入商业利用的。

此外，受保护的布图设计、含有该布图设计的集成电路或者含有该集成电路的物品,由布图设计权利人或者经其许可投放市场后,他人再次商业利用的,可以不经布图设计权利人许可,并不向其支付报酬。

7. 侵犯布图设计专有权的处理方式和处理机关?

未经布图设计权利人许可,使用其布图设计,即侵犯其布图设计专有权,引起纠纷的,由当事人协商解决;不愿协商或者协商不成的,布图设计权利人或者利害关系人可以向人民法院起诉,也可以请求国务院知识产权行政部门(国家知识产权局)处理。国务院知识产权行政部门(国家知识产权局)处理时,认定侵权行为成立的,可以责令侵权人立即停止侵权行为,没收、销毁侵权产品或者物品。当事人不服的,可以自收到处理通知之日起15日内依照《行政诉讼法》向人民法院起诉;侵权人期满不起诉又不停止侵权行为的,国家知识产权局可以请求人民法院强制执行。应当事人的请求,国家知识产权局可以就侵犯布图设计专有权的赔偿数额进行调解;调解不成的,当事人可以依照《民事诉讼法》向人民法院起诉。

8. 侵犯集成电路布图设计专有权的主要行为类型及责任?

侵犯集成电路布图设计专有权的主要类型有以下两种:(1)未经布图设计权利人许可,复制受保护的布图设计的全部或者其中任何具有独创性的部分的;(2)未经布图设计权利人许可,为商业目的进口、销售或者以其他方式提供受保护的布图设计、含有该布图设计的集成电路或者含有该集成电路的物品的。

实施侵权行为的行为人,必须立即停止侵权行为,并承担相应赔偿责任。赔偿数额根据侵权人所获得的利益或者被侵权人所受到的损失计算,包括被侵权人为制止侵权行为所支付的合理开支。

四、地理标志

1. 什么是地理标志？

根据《商标法》第16条第2款的规定，地理标志是指标示某商品来源于某地区，该商品的特定质量、信誉或者其他特征，主要由该地区的自然因素或者人文因素所决定的标志。

2. 通过注册商标保护地理标志应当注意什么？

地理标志可以作为证明商标或者集体商标申请注册。

以地理标志作为证明商标注册的，其商品符合使用该地理标志条件的自然人、法人或者其他组织可以要求使用该证明商标，控制该证明商标的组织应当允许。以地理标志作为集体商标注册的，其商品符合使用该地理标志条件的自然人、法人或者其他组织，可以要求参加以该地理标志作为集体商标注册的团体、协会或者其他组织，该团体、协会或者其他组织应当依据其章程接纳为会员；不要求参加以该地理标志作为集体商标注册的团体、协会或者其他组织的，也可以正当使用该地理标志，该团体、协会或者其他组织无权禁止。

3. 什么是地理标志产品？

根据《地理标志产品保护规定》第2条的规定，地理标志产品是指产自特定区域，所具有的质量、声誉或其他特性本质上取决于该产地的自然因素和人文因素，经审核批准以地理名称进行命名的产品。包括：（1）来自本地区的种植、养殖产品；（2）原材料全部来自本地区或部分来自其他地区，并在本地区按照特定工艺生产和加工的产品。

北京地区的主要地理标志产品有：平谷鲜桃、京白梨、怀柔板栗、平谷大桃、昌平草莓、通州大樱桃、张家湾葡萄、延庆国光苹果等。

4. 申请地理标志产品保护需提交哪些材料？

申请地理标志产品保护，应由向当地县级以上人民政府指定的地理标志产品保护申请机构或人民政府认定的协会提出。申请时应提交以下材料：

（1）有关地方政府关于划定地理标志产品产地范围的建议。

（2）有关地方政府成立申请机构或认定协会、企业作为申请人的文件。

（3）地理标志产品的证明材料，包括：A. 地理标志产品保护申请书；B. 产品名称、类别、产地范围及地理特征的说明；C. 产品的理化、感官等质量特色及其与产地的自然因素和人文因素之间关系的说明；D. 产品生产技术规范（包括产品加工工艺、安全卫生要求、加工设备的技术要求等）；E. 产品的知名度、产品生产、销售情况及历史渊源的说明。

（4）拟申请的地理标志产品的技术标准。

5. 地理标志有哪些行政保护的路径？

目前，对地理标志的保护存在并行的三种路径：

一是依照《商标法》《商标法实施条例》的规定，地理标志可以作为集体商标或者证明商标申请注册，获得商标专用权的保护。

二是根据《地理标志产品保护规定》，对地理标志申请地理标志产品保护。

三是农产品（特指来源于农业的初级产品，包括在农业活动中获得的植物、动物、微生物及其产品）地理标志，可以根据《农产品地理标志管理办法》的规定，进行农产品地理标志登记，从而获得保护。

五、网络域名

1. 什么是网络域名？

网络域名就是指互联网上识别和定位计算机层次结构式的字符标识，与该计算机的互联网协议地址相对应。顶级域名的种类十分丰富，主要有 .com、.cn、.net、.org、.edu、.gov、.cc、.tv 等。

2. 哪些注册、使用域名的行为应被认定为侵权或不正当竞争？

人民法院审理域名纠纷案件，对符合以下各项条件的，应当认定被告注册、使用域名等行为构成侵权或者不正当竞争：

（1）原告请求保护的民事权益合法有效；

（2）被告域名或其主要部分构成对原告驰名商标的复制、模仿、翻译或音译；或者与原告的注册商标、域名等相同或近似，足以造成相关公众的误认；

（3）被告对该域名或其主要部分不享有权益，也无注册、使用该域名的正当理由；

（4）被告对该域名的注册、使用具有恶意。

3. 哪些注册、使用域名的行为应被认定为恶意？

被告的行为被证明具有下列情形之一的，人民法院应当认定其具有恶意：

（1）为商业目的将他人驰名商标注册为域名的；

（2）为商业目的注册、使用与原告的注册商标、域名等相同或近似的域名，故意造成与原告提供的产品、服务或者原告网站的混淆，误导网络用户访问其网站或其他在线站点的；

（3）曾要约高价出售、出租或者以其他方式转让该域名获取不正当利益的；

（4）注册域名后自己并不使用也未准备使用，而有意阻止权利人注册该域名的；

（5）具有其他恶意情形的。

4. 提供哪些证据可以使注册、使用域名的行为不被认定为恶意？

被告举证证明在纠纷发生前其所持有的域名已经获得一定的知名度，且能与原告的注册商标、域名等相区别，或者具有其他情形足以证明其不具有恶意的，人民法院可以不认定被告具有恶意。

5. 域名侵权纠纷如何处理？

发生域名纠纷，可以通过以下方式解决：（1）协商解决：可以通过双方协商谈判的方式解决纠纷；（2）域名争议解决机制：域名争议解决机制是适用于互联网域名争议纠纷的一种新的替代性争议解决方式，其效力来源于域名注册人与域名注册管理机构签订的认证协议；（3）诉讼解决：诉讼判决具有国家强制力保障，当事人在诉讼中可以提出赔偿损失的要求，还可以将涉及的被侵权商标认定为驰名商标，但是诉讼程序往往耗时较长、举证较难，需要投入较多的精力和财力。

6. 哪些部门处理域名争议？

根据《中国互联网络信息中心域名争议解决办法》，由中文域名争议解决机构处理中文域名的争议。目前经中国互联网络信息中心认证的中文域名争议解决机构有两家：中国国际经济贸易仲裁委员会域名争议解决中心和香港国际仲裁中心。

中国互联网络信息中心国家域名投诉处理中心服务电话：010－58813000。

7. 侵犯域名注册、使用权的法律后果？

人民法院认定域名注册、使用等行为构成侵权或者不正当竞争的，可以判令被告停止侵权、注销域名，或者依原告的请求判令由原告注册使用该域名；给权利人造成实际损害的，可以判令被告赔偿损失。

8. 接到域名注册公司的邮件，称他人在注册与我公司域名相同的域名，如何处理？

首先应对对方是否注册了该域名进行查实，要求对方出具相应权利证明；查证属实后，可自行根据企业需求选择与对方协商购买该域名，或使用其他域名。如果属于恶意抢注域名行为，给权利人造成较大经济损失，权利人还可以通过向法院起诉要求对方停止侵权行为，并承相应担赔偿责任。

第二部分 海外知识产权保护

1. 在我国主要适用的知识产权国际公约有哪些?

我国主要适用的知识产权国际公约有《伯尔尼公约》《巴黎公约》《与贸易有关的知识产权协议》(TRIPS)等。

2. 哪些主要国家与我国签订了知识产权相关条约?

与我国共同签订 TRIPS 等条约的国家约 145 个,包括美国、英国、法国、德国、俄罗斯、印度、日本、韩国等主要贸易往来国家。

3. 如何在海外进行专利权布局?

专利布局是一个具有目的性的专利组合过程,包括权利组合、资产组合、技术组合等。企业专利布局是以专利的创造布局、保护布局、资产布局和应用布局的方式,促进专利的产生、管理、保护和运用,实现企业的专利战略。

4. 如何进行海外市场的专利信息检索?

专利检索就是根据一项或数项特征,从大量的专利文献或专利数据库中挑选符合某一特定要求的文献或信息的过程。

各国可供检索的数据库主要有:美国专利商标局专利数据库 USPTO Web Patent Database、日本专利全文网站 Japanese Patent Office、韩国知识产权局检索系统 KIPRIS、欧洲专利资料库 The European Patent Office 网站以及 WIPO 网上专利检索数据库。

5. 中国的注册商标是否在外国受到保护?

商标保护是按照该商标所注册国家/地区,依照注册国家相关商标法律法规提供保护,因此,在中国注册取得的注册商标,在中国境内（港、澳、台地区商标取得，需单独向该地区商标行政管理部门申请注册登记）受到相关商标法律保护。商标注册申请人在申请中国商标同时，可以依照《商标国际注册马德里协定》（以下简称《马德里协定》），在马德里联盟［"马德里联盟"是指由《马德里协定》和《商标国际注册马德里协定有关议定书》（以下简称《马德里议定书》）所适用的国家或政府间组织所组成的商标国际注册特别联盟。截至2019年7月，已有121个成员］成员间所进行的商标注册，使商标在其他国家或地区受到保护。这也是我们通常所说的"商标国际注册"，其实指的就是马德里商标国际注册。取得马德里商标国际注册一般所需时间约2~3年，因此如果商标权人急需在该国家取得商标注册，也单独可以直接向该国家/地区的商标行政管理部门提出商标注册申请。

6. 我国著作权人的著作权，是否受到国际保护？

我国是《伯尔尼公约》的缔约国，根据该公约规定，我国作者为该公约成员国公民，其作品无论是否已出版，在任一成员国都受到公约保护。

7. 遭遇美国337调查，企业该如何做？

"337条款"因其最早见于《1930年美国关税法》第337条而得名。之后，《美国1988年综合关税与竞争法》对其进行了修订，以使其更便于被美国政府使用并将其约束范围扩大到半导体芯片设计权。《1995年美国乌拉圭回合协议法》再次对其进行了修订，以符合世贸组织规则。"337条款"主要是用来反对进口贸易中的"不公平竞争行为"，特别是"保护美国知识产权人的权益不受涉嫌侵权进口产品的侵害"，其规定美国国际贸易委员会（ITC）如果发现货物所有者、进口商或承销商及其代理人对美国商品市场"存在不公平竞争行为"，则可将之视为违法贸易行为。如果"不公平贸易行为侵犯了美国法律所保护的版权、专利权、商标权、半导体芯片设计权",则申诉方只需证明美国存在相关的产业或正在建立该产业("337条款"规定的标准是:在厂房和设备方面有大量投资、劳动力或资本的大量投入,或是在该行业发展方面存在大量投资,包括工程、研发或许可等),即构成违法贸易行为,并不是以是否对美国产业造成损害为条件。从"337条款"的实践来看,绝大多数案件都属于涉及知识产权,而非一般的"不公平贸易行为"。"337调查"的过程包括立案、应诉、披露、听证、裁决和上诉六个主要诉讼程序。337条款的救济措施,包括排除禁令(In rem exclusion orders)、临时排除禁令(Temporary exclusion orders,TEOs)和停止禁令(Cease and desist orders)。企业在遭遇337调查时,可以从以下几方面着手,保护自身利益,避免遭受损失:

(1) 提高对"337条款"的认识和理解,防范风险

出口企业应避免侵犯他人的知识产权,尤其是以 OEM、ODM 方式出口的外贸企业,应注意下单的外商是否拥有该产品的商标、专利、著作权等权利的证明文件。若外商既非权利人又无适当的授权证明文件,则应考虑法律风险,应在合同中订立任何有关侵犯知识产权的情况都应由该外商负责并赔偿己方损失的条款。

(2) 一旦涉案,要积极及时应诉

在被美国厂商起诉时,企业应及时、主动应诉。企业可委托在商标和专利权方面有特长的律师事务所,积极搜集证据,参加应诉,积极抗辩,如证明对方知识产权无效等,以争取胜诉。

(3) 寻求达成和解

为避免失去美国市场的损失,在权衡利弊的情况下,必要时也通过协商,以支付赔偿金或许可费方式,与美国企业达成和解。

8. 在外国法院应诉知识产权纠纷,是否必须委托外国律师?

并非所有国家民事或行政诉讼相关法律法规都规定知识产权纠

纷诉讼必须由律师强制代理，但也有些国家则是采取"律师强制代理制度"（如部分欧盟国家、阿拉伯国家、中西亚国家、东南亚国家、东欧国家、东南亚国家等）。但由于各个国家/地区在知识产权法律相关规定间的差异，以及语言上的限制，国内的被诉方在专业和语言上很难以诉讼代理人的身份独自在当地法院处理相关知识产权诉讼。况且，知识产权纠纷在国际上属于"私人民事纠纷"性质，只能由当事人间自行处理，是不能以政府涉外渠道进行干涉的。因此，通过国内律师事务所委托合作的外国律师是通行的处理方法，一方面可以解决在知识产权方面的专业问题，另一方面也可以解决在语言及法律诉讼上的程序问题。有关外国律师强制委任部分，并不止包括知识产权诉讼，在各种知识产权注册申请方面，有些国家在法律上则强制规定必须由该国律师代理申请（如阿拉伯国家、中西亚国家、东南亚国家、东欧（如俄罗斯）及多数非洲国家等）。有些国家/地区则规定必须由具有在该国合格注册资质的代理人提出申请（如美国、加拿大、印度、欧盟等）。因此，建议企业在遭遇涉外知识产权纠纷时，能够在第一时间与国内合作律师事务所进行联系，选择并委任适合案件性质的外国律师。

9. 与外国公司在我国进行知识产权诉讼，如何适用法律？

程序法适用《民事诉讼法》，实体法的适用按照《涉外民事关系法律适用法》的相关规定。

10. 在国外进行知识产权诉讼的费用是多少？

在国外进行知识产权诉讼的费用会因为案件性质、不同国家和案件的复杂度，在整体诉讼费用上有所不同。一般国外律师事务所采取的计费方式包括：律师和律师助理的"每工作小时的工时费"（main hour）、专家证人的出席费、有关文件翻译及公证程序所需要的规费、相关技术文件的鉴定费用和法院裁判费等。以一般知识产权诉讼案件来说,一般聘请一个外国律师的"每工作小时的工时费"约在200~500美元,部分复杂案件,"每工作小时的工时费"有些则会达到1000美元左右。整体案件"总工时费"(time-sheet)的高低则取决于投入律师人数、案件的急迫性及复杂度,如"337诉讼",由于其应诉时间短,听证程序所需的资料准备庞大,相对律师工时总数也会较高。在部分国家进行知识产权诉讼(如欧美等国家和地区),法院对于专家证人的依赖性较高,因此当事人在选择专家证人上也会面临费用取舍的问题,也就是在该技术领域内越有威望的专家证人在费用上相对也会越高(一般专家证人的费用约在5万~20万美元,但也有部分商业利益较大的专利诉讼,专家证人费用达到上百万美元的也有)。因此,相对来说,由于计费方式、额外诉讼成本和地区性的不同,整体费用会较在国内进行知识产权诉讼为高。因此,企业在平时就做好涉外知识产权的保护工作,才是节省涉外诉讼费用的最好办法。

第三部分 知识产权司法保护

第三部分 知识产权司法保护

1. 什么是知识产权的双轨制保护渠道？

我国知识产权保护采取行政保护和司法保护的双轨制保护模式。权利人及利害关系人可以就他人的知识产权侵权行为自行选择向行政执法部门进行举报投诉，或向有管辖权的法院提起诉讼。

2. 北京知识产权法院的管辖范围是什么？

北京知识产权法院一审管辖：

（1）诉讼标的额在 2 亿元以下且当事人住所地均在北京市的，以及诉讼标的额在 1 亿元以下且当事人一方住所地不在北京市或者涉外、涉港澳台的专利、植物新品种、集成电路布图设计、技术秘密、计算机软件、垄断以及涉及驰名商标认定的第一审知识产权民事案件；

（2）诉讼标的额在 1 亿元以上、2 亿元以下且当事人住所地均在北京市的，以及诉讼标的额在 5000 万元以上、1 亿元以下且当事人一方住所地不在北京市或者涉外、涉港澳台的著作权、商标、技术合同、不正当竞争、特许经营合同等第一审知识产权民事案件；

（3）对各基层人民法院作出的第一审知识产权民事判决、裁定提起上诉的案件；

（4）对各基层人民法院已经发生法律效力的知识产权民事判决、裁定、调解书申请再审的案件，但是当事人依法向各基层人民法院申请再审的除外；

（5）除《北京市高级人民法院关于调整本市法院知识产权民事案件管辖的规定》第 1 条第（4）项之外的在北京市有重大影响的其他第一审知识产权民事案件。

此外，北京知识产权法院专属管辖知识产权授权确权类行政案件。

3. 如何确定受理知识产权纠纷的法院？

当事人可以根据知识产权纠纷案件的地域管辖和级别管辖双重标准确定受理法院。

(1) 地域管辖：第一审通常由被告住所地或侵权行为地的人民法院管辖。侵权行为地包括侵权行为实施地、侵权结果发生地。

(2) 级别管辖：

①专利纠纷案件：由省会城市所在地的中级人民法院和最高人民法院指定的较大城市的中级人民法院管辖。最高人民法院根据实际情况，可以指定基层人民法院管辖第一审专利纠纷案件。

②著作权侵权案件：原则上由中级人民法院管辖，也可以由高级人民法院确定的基层法院管辖。

③商标侵权案件：由侵权行为的实施地、侵权商品的储藏地或者查封扣押地、被告住所地的基层法院（由当地高级人民法院确定，最高人民法院批准）或中级以上人民法院管辖。

4. 知识产权案件的审理期限有多长？

适用普通程序一审的审限为6个月，有特殊情况需要延长的，由本一审法院院长批准，可以延长6个月；还需要延长的，报请上级法院批准。适用简易程序审理案件的审限为3个月，不能延长，若3个月内不能审结，转为普通程序继续审理。二审审理期限为3个月，有特殊情况需要延长的，由二审法院院长批准。

5. 发生知识产权侵权纠纷多长时间可以进行诉讼？

按照《民法总则》的相关规定向人民法院请求保护民事权利的诉讼时效期间为3年。诉讼时效期间自权利人知道或者应当知道权利受到损害以及义务人之日起计算。但是自权利受到损害之日起超过 20 年的，人民法院不予保护；有特殊情况的，人民法院可以根据权利人的申请决定延长。诉讼时效因提起诉讼、当事人一方提出要求或者同意履行义务而中断。从中断时起，诉讼时效期间重新计算。在诉讼时效期间的最后 6 个月内，因不可抗力或者其他障碍不能行使请求权的，诉讼时效中止。从中止时效的原因消除之日起，诉讼时效期间继续计算。

6. 什么是诉前禁令？如何申请？

权利人或者利害关系人有证据证明他人正在实施或者即将实施侵犯权行为，如不及时制止将会使其合法权益受到难以弥补的损害的，可以在起诉前向人民法院申请采取责令停止有关行为的措施。不过，申请人提出申请时，应当提供担保；不提供担保的，法院将驳回其申请。人民法院受理该申请后，应当在 48 小时内作出裁定；有特殊情况需要延长的，可以延长 48 小时。裁定责令停止有关行为的，应当立即执行。当事人对裁定不服的，可以申请复议一次；复议期间不停止裁定的执行。

人民法院所采取的责令停止有关行为的措施，在一定条件下是受时间限制的。根据《专利法》规定，申请人自人民法院采取责令停止有关行为的措施之日起 15 日内不起诉的，人民法院应当解除该措施。

7. 什么是诉前财产保全？如何申请？

申请人可以申请诉前财产保全措施。对于该财产保全的办理，按照《民事诉讼法》的有关规定执行。

当事人申请证据保全应当具备下列条件：

（1）保全的证据必须与案件有关联，即该证据能够作为证明双方当事人之间民事关系发生、变更或消灭的根据。

（2）证据可能灭失或以后难以取得。

(3) 著作权人和与著作权有关的权利人、商标权人及其利害关系人可以在诉前或者诉中提出书面申请。专利权人及其利害关系人可以在诉中提出书面申请。植物新品种的品种权人或利害关系人可以在起诉同时或者诉中提出书面申请，人民法院经审查可以先行作出裁定。人民法院执行诉前停止侵犯专利权行为的措施时，可以根据当事人的申请，同时进行证据保全。

(4) 保全证据可能导致被申请人财产损失的，人民法院可以责令申请人提供相应的担保。

8. 人民法院如何进行现场勘验？

在知识产权诉讼中，人民法院需要对有些无法移动或者不能携带、搬运至人民法院的争议标物进行现场勘验。勘验人进行勘验时，必须出示人民法院的证件，以表明勘验人的身份和具体执行的勘验任务；同时，应当邀请勘验地的基层组织或者有关单位派员参加。比如邀请当事人所在地的居委会、村委会、所在单位、派出所、人民调解委员会等派人参加，以利勘验工作顺利进行。

9. 发生知识产权侵权纠纷后，如何进行调查取证？

发生知识产权侵权纠纷后，当事人可以选择自行调查取证、委托律师调查取证或申请法院调取证据。当事人自行调查取证，应当自发现侵权产品或侵权行为时及时进行证据采集，并妥善保存证据原件，为将来发生纠纷时出示对自己有利的证据打下基础，否则等到纠纷发生，再来收集证据将十分不利。必要时，当事人可以采取委托公证机关陪同进行取证，委托鉴定机构对证据材料进行鉴定，或者委托专家证人，增强证据的证明效力。

10. 专利诉讼案件中，专利代理人能否作为公民代理？律师在诉讼中的优势有哪些？

经专利代理人协会推荐的公民可以作为公民代理人代理诉讼案件。而律师代理诉讼案件有相对的优势：（1）律师可以凭律师执业证书和律师事务所证明，可以向有关单位或者个人调查与承办法律事务有关的情况；（2）律师作为职业法律工作者，具有专业的法律知识，可以弥补一般当事人法律知识欠缺的弱点。

11. 举证期限届满后，发现新证据怎么办？

在举证期限内，当事人应当向人民法院提交证据材料；当事人在举证期限内不提交的，视为放弃举证权利。但是，当事人在举证期限届满后发现因客观原因在举证期限内仍无法提供的新证据，且该证据对案件审理十分重要的，可以在法庭辩论终结前提出。

12. 专利纠纷案件的举证责任如何分配？

专利侵权案件的原告，应承担举证责任，以此证明被告的侵权行为成立，如果原告举证不能或者所举证据不能或者不能完全证明自己的权利被侵害，被告的侵权行为不成立，原告的主张便得不到人民法院的支持。

13. 当事人选择司法途径解决知识产权纠纷后，是否还可以要求行政机关处理？

不可以，已经过法院判决裁定的案件，行政机关不再作出处理，当事人可以选择提起上诉或再审程序。

14. 哪些侵犯知识产权的行为会构成刑事犯罪？

我国知识产权犯罪主要有以下七种：假冒专利罪，假冒注册商标罪，销售假冒注册商标的商品罪，非法制造、销售非法制造的注册商标标识罪，侵犯著作权罪，销售侵权复制品罪，侵犯商业秘密罪。

第四部分 展会知识产权保护

1. 展会现场可能发生的知识产权纠纷有哪些？

（1）参展商未经许可许诺销售依照专利方法直接获得的侵犯专利权产品；

（2）参展商未经许可展出他人专利产品侵犯他人外观设计专利权；

（3）参展商恶意侵犯他人外观设计专利权；

（4）参展商未经许可在展位中使用他人注册商标构成商标侵权；

（5）参展商在展品与宣传材料上使用与他人注册商标近似的商标引发商标侵权及不正当竞争纠纷；

（6）参展商未经许可使用他人展位设计方案侵犯著作权；

（7）参展商未经许可在宣传资料上使用他人图片侵犯著作权；

（8）参展商仿冒知名商品特有名称、装潢引发不正当竞争纠纷等。

2. 展会现场发生的知识产权纠纷，应如何处理？

一般展会现场发生的知识产权纠纷有以下三种处理途径：

（1）协商途径。展示侵权产品的参展商与专利权人自行协商、达成一致。

（2）行政途径。对设立知识产权保护办公室的展会，权利人可以向展会现场的知识产权保护办公室投诉；此外，权利人也可以直接向展会举办地的知识产权行政管理部门投诉。

（3）司法途径。权利人可以对展会上展出的侵权商品进行取证，在诉讼时效期间内向人民法院提起诉讼，要求侵权人承担相应的侵权责任。

3. 何种情形下,展会应当设立知识产权保护办公室?

根据《北京市展会知识产权保护办法》第 10 条的规定,举办时间在 3 天以上,且具有下列情形之一的展会,知识产权行政管理部门应当进驻:

(1) 政府和政府部门主办的展会;
(2) 展出面积 2 万平方米以上的展会;
(3) 在国际或者国内具有重大影响的展会。

主办方应当为知识产权行政管理部门进驻展会开展工作提供必要的便利条件。

4. 展会知识产权保护办公室处理纠纷的流程是什么?

按照《北京市展会知识产权保护办法》等规定,展会知识产权纠纷处理流程以主办方在展会现场公布的《展会纠纷处理办法》或者设立的展会知识产权保护办公室的解释为准。

主办方可以就展会现场发生的知识产权纠纷进行调查。经调查,投诉理由不成立的,投诉机构终止处理;涉嫌侵权的,投诉机构首先调解,调解达成协议后,主办方可以督促双方及时履行;无法达成调解协议的,投诉机构应当告知投诉人请求知识产权行政管理部门处理,或者向人民法院起诉。

5. 向展会知识产权举报投诉机构提交的材料有哪些?

知识产权权利人或者利害关系人向主办方或者主办方设立的投诉机构投诉的,应当提供下列材料:

(1) 投诉人与被投诉人基本情况资料,包括投诉人名称、住所和被投诉人名称及展位号码。投诉人委托代理人投诉的,应当提交授权委托书。

（2）涉嫌侵权参展项目的名称、涉嫌侵权的证据和必要说明。

（3）知识产权权利证明，包括知识产权权属证明、知识产权内容证明和其他必要的知识产权法律状况证明。

6. 展会主办方对侵权参展商有什么处理措施？

主办方在展会举办期间应当履行下列职责：

（1）接受知识产权侵权投诉，协调解决侵权纠纷；

（2）提供知识产权保护法律和相关专业技术方面的宣传咨询服务；

（3）在显著位置公示知识产权行政管理部门的受案范围和联系方式，并公布主办方或者投诉机构的服务事项、投诉地点和联系方式；

（4）应知识产权权利人或者利害关系人的合理要求，出具相关事实证明；

（5）主办方应当履行的其他职责。

7. 怎样在展会现场调查取证？

在不妨碍展会现场秩序的情况下，可以自行进行拍照取证等活动，也可以请展会主办方、知识产权办公室工作人员或当地公证机关人员陪同进行调查取证。

8. 展会结束后尚未处理完毕的案件应如何处理？

根据《展会知识产权保护办法》，对展会结束时案件尚未处理完毕的，案件的有关事实和证据可经展会主办方确认，由展会举办地知识产权行政管理部门在15个工作日内移交有管辖权的知识产权行政管理部门依法处理。

9. 企业出国参展有哪些注意事项？

企业在出国参展前应该先对参展商品的相关知识产权进行排查，如商标和专利在参展国家以及运输过程国家（参展商品进入的有关国家海关）是否取得有关知识产权注册申请等，确定参展商品所涉及的知识产权都已经完成参展知识产权的注册，同时参展人员应该携带相关的证明文件（建议相关文件应经过翻译公证，以避免因语言问题造成不必要的纠纷，如多数中东国家法律规定证明文件必须是阿拉伯语，并不接受英语翻译文件），以及与合作律师的紧急联系方式。同时，也建议在参展期间，国内企业能够设立独立的应对小组，能够即时处理及支援参展人员在有关方面的证明材料和法律援助等，以备不时之需。多数国际展会在发出参展邀请申请时，都会提供相关"展会知识产权保护声明"。企业只要同意参展或有参展事实，就视同参展商同意展会主办方的"知识产权保护声明"。因此，参展商在参展前应该详细阅读相关规定，并事先通知合作律师"做好准备"（stand by），就自身知识产权保护状况进行评估。

10. 企业在国外展会发生纠纷如何处理？

由于各个国家在展会知识产权纠纷处理上的不同，包括展会主办方的"要求下架""海关强制扣押""法院临时禁令取得""检察系统的紧急搜捕"和"警察行政逮捕权"等，不同的国家对于展会知识产权纠纷，都有其不同的采取应对方式。轻则要求展会商品下架，重则可以对参展人员实施行政逮捕。因此，企业在国外展会发生纠纷时，无论是参展人员或国内企业都应先保持冷静，切莫出现过激行为，切莫与执法人员产生争执。参展人员应该先详细记录纠纷发生过程与厘清参展商品所涉及的知识产权纠纷范围，并向投诉方或执法人员出示合法的授权来源文件，或回应竞争对手先前所发的警告函的未授权意见。通常情况下，如果相关证明文件经过合法查验，在没有违法事实存在的情况下，参展方并不会取消参展资格。但如情况紧急，则可与展会主办方和执法人员协商，先针对有争议的参展商品采取"暂时下架"措施，并同意在一定期间内向法院提交"无侵权书面声明"文件，但同时要求保留法律上的追诉权。参展方同时应在第一时间与国内企业和合作律师立即取得联系，回报详细的事实发生情况。在合作律师到场后，由律师对执法程序的合法性提出抗议，并在律师检阅相关文件后，再决定是否接受或签署。

第五部分 知识产权海关保护

第五部分 知识产权海关保护

1. 知识产权海关保护有哪两种模式？

知识产权海关保护，是指海关对与进出口货物有关并受中华人民共和国法律、行政法规保护的商标专用权、著作权和与著作权有关的权利、专利权（以下统称"知识产权"）实施的保护。其有以下两种模式：

（1）依申请保护。指知识产权权利人发现侵权嫌疑货物即将进出口的，可以向货物进出境地海关提出扣留侵权嫌疑货物的申请，并提供相关证明文件和足以证明侵权事实明显存在的证据，海关根据知识产权权利人的申请扣留侵权嫌疑货物。因此，依申请保护模式又被称为"被动保护"模式。

（2）依职权保护。指海关对进出口货物实施监管过程中，若发现进出口货物涉嫌侵犯已在海关总署备案的知识产权的，将中止放行货物并书面通知知识产权权利人。这一模式又被称作"主动保护"模式。应当注意的是，依职权保护模式仅适用于知识产权权利人事先将其知识产权向海关总署备案的情形。

2. 知识产权权利人向海关备案有什么好处？

知识产权备案并不是知识产权权利人请求海关予以保护的必要条件。知识产权权利人向海关申请备案的好处主要在于：

（1）知识产权备案是海关依职权对侵权货物主动进行调查处理的必要前提。知识产权权利人如果事先没有向海关办理知识产权备案，海关即使发现侵权货物即将进出境，也无权主动中止其进出口并对侵权货物进行调查处理。

（2）有助于海关及时发现侵权货物。知识产权权利人在备案时已将有关知识产权的法律状况、联系方式、合法使用人名单、已知侵权货物进出口情况等提供给海关，使海关在日常监管过程中可更加快速便捷地查询货物是否涉及备案知识产权以及收发货人是否已取得合法授权，并及时将相关情况通知权利人。

（3）降低了知识产权权利人的维权成本。备案是依职权保护的前提。在该模式下，权利人请求海关扣留侵权嫌疑货物仅需提供不超过货物价值的担保，且最高不超过人民币10万元。而在依申请保护模式下，则必须提供与货物等值的担保。

（4）减少侵权货物进出口的可能性。办理知识产权备案，可以对进出口侵权货物的企业产生预警和威慑作用，促使其自觉尊重知识产权。另外，进出口企业也可以通过查询备案，了解其承揽加工和进出口的货物是否可能构成侵权，避免因此造成的损失。

3. 知识产权海关保护备案有效期有多长？

知识产权海关保护备案自海关总署核准备案之日起生效，有效期为10年。自备案生效之日起知识产权的有效期不足10年的，有效期以知识产权的有效期为准。

在《知识产权海关保护条例》施行前经海关总署核准的备案或者核准续展的备案的有效期仍按原有效期计算。

4. 海关如何认定扣留的货物是否侵犯知识产权？

海关扣留涉嫌侵犯已备案知识产权的进出口货物后，将依法对其及有关情况进行调查，根据知识产权权利人提供的相关文件和证据等对侵权嫌疑货物进行查验。收发货人认为其进出口货物未侵犯知识产权的，在调查期间应向海关提出书面说明并随附必要证据。此外，海关还可以请求有关知识产权管理部门提供咨询意见。调查完毕后，海关依据我国《专利法》《商标法》《著作权法》等相关法律法规对侵权嫌疑货物是否侵犯知识产权进行认定。

5. 什么情况下，海关应当放行被扣留的侵权嫌疑货物？

（1）在依申请保护模式下，海关自扣留侵权嫌疑货物之日起

20个工作日内未收到人民法院协助执行通知的;

（2）在依职保护权模式下，海关经调查不能认定被扣留的侵权嫌疑货物侵犯知识产权，且自扣留之日起50个工作日内未收到人民法院协助执行通知的;

（3）涉嫌侵犯专利权货物的收货人或者发货人在向海关提供与货物等值的担保金后，请求海关放行其货物的;

（4）海关认为收货人或者发货人有充分的证据证明其货物未侵犯知识产权权利人的知识产权的;

（5）在海关认定被扣留的侵权嫌疑货物为侵权货物之前，知识产权权利人撤回扣留侵权嫌疑货物的申请的。

6. 海关怎样处理被没收的侵犯知识产权货物？

被没收的侵犯知识产权货物可以用于社会公益事业的，海关应当转交给有关公益机构用于社会公益事业;知识产权权利人有收购意愿的，海关可以有偿转让给知识产权权利人;被没收的侵犯知识产权货物无法用于社会公益事业且知识产权权利人无收购意愿的，海关可以在消除侵权特征后依法拍卖，但对进口假冒商标货物，除特殊情况外，不能仅清除货物上的商标标识即允许其进入商业渠道;侵权特征无法消除的，海关应当予以销毁。

海关咨询电话：12360。

北京市知识产权维权援助中心简介

北京市知识产权维权援助中心，是市政府批准的提供知识产权维权援助、知识产权纠纷调解、知识产权法律咨询以及其他知识产权保护公共服务的机构。

工作理念：服务维权、服务执法、服务社会

工作职责：

（一）依当事人申请，对符合条件的国内重大、疑难知识产权事项或案件以及海外知识产权纠纷或重大事项提供指导服务；

（二）接受北京市知识产权纠纷多元调解协调指导委员会办公室委托，承担知识产权纠纷调解组织、调解员的规范化管理及业务指导工作；

（三）解答与知识产权保护有关的咨询；

（四）与区知识产权管理部门、中关村分园共同设立和管理知识产权公共服务分中心、工作站，为创新型中小微企业、创新创业载体、行业组织提供知识产权保护公共服务；

（五）管理首都保护知识产权志愿服务总队，组织首都保护知识产权志愿服务专家开展公益服务，指导志愿者校园服务站开展知识产权保护知识普及宣传活动；

（六）建设、维护中国（北京）保护知识产权网、北京知识产权维权援助微信公众号以及北京知识产权维权援助移动端；

（七）其他知识产权保护公共服务事项。

北京知识产权维权援助公众号